Transaction Avec des Personnes Manipulatrices dans Votre Vie

Découvrez les secrets pour reconnaître et mettre fin à la maltraitance émotionnelle, au gaslighting et à la manipulation psychologique

Liz Ben

Table des matières

Introduction

La manipulation et les abus au sein des relations sont souvent comme un poison invisible, rongeant progressivement la confiance, l'estime de soi et le bien-être émotionnel. Ils peuvent se présenter sous diverses formes et intensités, ce qui rend difficile pour les victimes de les reconnaître et d'y faire face. Pour lutter efficacement contre ces dynamiques toxiques, il est essentiel de comprendre ce qu'impliquent la manipulation et les abus, comment ils se manifestent et pourquoi la sensibilisation et l'éducation sont cruciales pour résoudre ces problèmes.

La manipulation dans les relations implique d'exercer une influence sur quelqu'un par des moyens trompeurs, exploiteurs ou coercitifs pour parvenir à ses propres fins. Contrairement à une influence saine, qui respecte l'autonomie et l'intégrité des autres, la manipulation cherche à contrôler et à diminuer. Cela implique souvent des tactiques subtiles qui peuvent être difficiles à identifier, comme se culpabiliser, jouer la victime ou utiliser le charme pour désarmer et contrôler.

La maltraitance, en revanche, englobe un spectre plus large de comportements conçus pour dominer, rabaisser et nuire à une autre personne. Cela peut être physique, mais le plus souvent, cela se manifeste par des abus émotionnels et

psychologiques. La violence psychologique vise à éroder le sentiment d'estime de soi et d'indépendance de la victime par le biais de critiques constantes, d'humiliation et d'isolement. De la même manière, la violence psychologique manipule l'esprit et les émotions de la victime pour créer de la confusion, de la peur et une dépendance.

Aperçu de la violence psychologique, du gaslighting et de la manipulation psychologique

La violence psychologique est un comportement systématique qui porte atteinte à l'estime de soi et à la stabilité émotionnelle d'une personne. Cela peut inclure des agressions verbales, de la domination, du contrôle, de l'isolement, du ridicule et d'autres tactiques visant à affaiblir la santé mentale et émotionnelle de la victime. Les victimes se retrouvent souvent à remettre en question leur réalité, à se sentir sans valeur et à devenir de plus en plus dépendantes de l'agresseur pour leur validation et leur approbation.

Le gaslighting est une forme particulièrement insidieuse de manipulation psychologique. Cela implique de faire douter la victime de ses propres souvenirs, perceptions et santé mentale. Le terme vient du film « Gaslight » de 1944, dans lequel un mari manipule sa femme en lui faisant croire qu'elle perd la tête. Le gaslighting moderne peut prendre de nombreuses formes, depuis la négation pure et simple des faits jusqu'à l'affaiblissement subtil de la confiance de la victime dans son jugement. Au fil du temps, cette tactique peut éroder la réalité d'une personne, la rendant entièrement dépendante de la version des événements du manipulateur.

La manipulation psychologique englobe diverses stratégies visant à contrôler et à exploiter les autres. Cela peut inclure le chantage émotionnel, où le manipulateur utilise la peur, l'obligation et la culpabilité pour contrôler les actions de la victime. Cela peut également impliquer des tactiques plus sophistiquées, comme jouer sur les peurs et les désirs les plus profonds de la victime, ou exploiter la dynamique sociale et les insécurités personnelles pour faire plier la volonté de la victime. Le but ultime est toujours le contrôle et la domination, obtenus grâce à la coercition mentale et émotionnelle.

Importance de la sensibilisation et de l'éducation sur ces sujets

Comprendre et reconnaître la manipulation et les abus sont les premiers pas pour se libérer de leur emprise. La sensibilisation permet aux individus d'identifier les schémas malsains dans leurs relations et de prendre des mesures proactives pour se protéger. Cela permet également aux spectateurs et aux proches de soutenir les victimes plus efficacement, créant ainsi un réseau de sensibilisation et de soutien qui peut faire une différence significative.

L'éducation sur ces sujets est cruciale non seulement pour les victimes mais aussi pour la société dans son ensemble. Il favorise une culture de respect, d'empathie et de vigilance contre les comportements abusifs. En sensibilisant les gens aux signes et aux tactiques de manipulation et d'abus, nous pouvons créer une communauté plus informée et plus résiliente. Ces connaissances donnent aux individus les outils nécessaires pour affirmer leurs limites, reconnaître les signaux d'alarme et demander de l'aide en cas de besoin.

De plus, l'éducation peut remettre en question et modifier les normes sociétales qui perpétuent les abus et la manipulation. Cela peut aider à démanteler les mythes et les idées fausses qui blâment les victimes ou normalisent les comportements abusifs. En favorisant un environnement où la manipulation et les abus sont compris et condamnés, nous contribuons à une culture qui donne la priorité aux relations saines, respectueuses et responsabilisantes.

Reconnaître et lutter contre la manipulation et les abus

Reconnaître la manipulation et les abus nécessite une conscience aiguë et une volonté de confronter des vérités inconfortables. De nombreuses victimes vivent dans un état de déni ou de minimisation, croyant que les abus sont de leur faute ou que ce n'est pas aussi grave qu'il y paraît. Ceci est souvent renforcé par le manipulateur, qui peut utiliser le gaslighting ou d'autres tactiques pour garder le contrôle. Cependant, reconnaître les signes d'abus est le premier pas vers la libération.

Les signes courants de manipulation et d'abus incluent le sentiment d'être constamment critiqué ou rabaissé, d'éprouver des sautes d'humeur extrêmes de la part du manipulateur, de se sentir isolé de ses amis et de sa famille et de douter de son propre jugement et de la réalité. Les victimes peuvent également avoir l'impression de marcher sur des œufs, essayant constamment d'éviter de déclencher la colère ou le mécontentement du manipulateur.

La résolution de ces problèmes implique plusieurs étapes. Premièrement, il est important de reconnaître la réalité de la situation. Cela peut impliquer de parler à des amis ou à des membres de la famille de confiance, de rechercher l'aide professionnelle d'un thérapeute ou d'un conseiller, ou de s'instruire grâce à des ressources fiables. Les réseaux de soutien sont essentiels pour fournir une validation, des conseils et une assistance pratique.

Fixer des limites est une autre étape cruciale. Cela peut être difficile, car les manipulateurs résistent souvent à la perte de contrôle et peuvent intensifier leurs tactiques en réponse. Cependant, établir des limites claires et fermes est essentiel pour protéger sa santé mentale et émotionnelle. Cela peut inclure de limiter les contacts avec le manipulateur, de refuser de s'engager dans certaines conversations ou de rechercher une protection juridique si nécessaire.

Enfin, il est important de donner la priorité aux soins personnels et à la guérison. La manipulation et les abus peuvent laisser de profondes cicatrices émotionnelles, et le rétablissement est souvent un processus long et difficile. Prendre soin de soi implique de nourrir son bien-être physique, émotionnel et psychologique. Cela peut inclure une thérapie, des groupes de soutien, la participation à des passe-temps et à des activités qui apportent de la joie et de l'épanouissement, ainsi que la création d'un réseau solide et solidaire d'amis et de proches.

Promouvoir des relations saines et la résilience

Promouvoir des relations saines implique de cultiver le respect, l'empathie et une communication ouverte. Cela nécessite de reconnaître et de valoriser l'autonomie et les limites de chacun. Des relations saines reposent sur la confiance mutuelle, le soutien et l'égalité, où les deux parties se sentent en sécurité, respectées et valorisées.

La résilience face à la manipulation et aux abus consiste à développer la force intérieure et les ressources nécessaires pour résister et surmonter l'adversité. Cela implique de développer l'estime de soi, de favoriser la conscience de soi et de cultiver un sentiment d'autonomie et d'action. La résilience signifie également apprendre à reconnaître et résister aux tactiques de manipulation, et avoir le courage de demander de l'aide et de prendre des décisions difficiles lorsque cela est nécessaire.

Le rôle de la société dans la lutte contre la manipulation et les abus

La société joue un rôle crucial dans la lutte contre la manipulation et les abus. Cela implique de sensibiliser, d'éduquer et d'offrir un soutien et des ressources aux victimes. Cela signifie également remettre en question et changer les normes culturelles qui perpétuent les comportements abusifs et le blâme des victimes.

Les programmes éducatifs dans les écoles, les lieux de travail et les communautés peuvent sensibiliser et fournir aux gens les connaissances et les compétences nécessaires pour reconnaître et lutter contre la manipulation et les abus. Les campagnes médiatiques et les messages d'intérêt public peuvent également jouer un rôle important dans la sensibilisation et le changement des attitudes sociétales.

Les services de soutien tels que les lignes d'assistance téléphonique, les refuges, les conseils et l'assistance juridique sont essentiels pour fournir une aide pratique aux victimes. Ces services doivent être accessibles, bien financés et dotés de professionnels qualifiés capables d'offrir un soutien empathique et éclairé.

Les cadres et politiques juridiques sont également importants pour assurer la protection des victimes et demander des comptes aux agresseurs. Cela implique non seulement de criminaliser les comportements abusifs, mais également de garantir que les victimes aient accès à la justice et aux services de soutien.

Comprendre la manipulation et les abus est une étape cruciale pour se libérer de leur emprise toxique. En reconnaissant les signes, en comprenant les tactiques et en se dotant de connaissances et de ressources, les individus peuvent se protéger et favoriser des relations saines et respectueuses. La sensibilisation et l'éducation sont des outils puissants dans ce cheminement, permettant aux gens d'identifier, d'affronter et de surmonter la manipulation et les abus. En tant que société, nous devons travailler ensemble pour promouvoir une culture de respect, d'empathie et d'autonomisation, garantissant que chacun ait la possibilité de vivre sans manipulation ni abus.

Chapitre 1

La psychologie derrière la manipulation

La manipulation est un aspect profondément complexe et troublant de l'interaction humaine, souvent enraciné dans les fondements psychologiques du manipulateur et de la victime. Pour lutter efficacement contre la manipulation, il est essentiel de comprendre les motivations et les objectifs des manipulateurs, ainsi que les théories et les cadres psychologiques qui expliquent ces comportements. Il explore ces éléments en détail, mettant en lumière les raisons pour lesquelles la manipulation se produit et comment elle peut être reconnue et traitée.

Comprendre les motivations et les objectifs des manipulateurs

À la base, la manipulation est une question de contrôle. Les manipulateurs cherchent à contrôler les pensées, les sentiments et les actions des autres pour satisfaire leurs propres besoins et désirs. Ces besoins peuvent varier considérablement mais incluent souvent le pouvoir, l'attention, la validation et la sécurité. En manipulant les autres, les individus peuvent acquérir un sentiment de supériorité, d'estime de soi ou de sécurité qu'ils ne pourraient peut-être pas atteindre par des moyens honnêtes et directs.

L'une des principales motivations de la manipulation est le désir de pouvoir. Les manipulateurs ressentent souvent un profond besoin de dominer les autres, de contrôler leur environnement et les personnes qui y vivent. Ce besoin de pouvoir peut provenir de diverses sources, notamment d'un traumatisme passé, de l'insécurité ou d'un trait de personnalité inhérent. Dans de nombreux cas, les manipulateurs peuvent avoir vécu des situations dans leur propre vie où ils se sont sentis impuissants ou victimes, ce qui les a amenés à adopter des comportements manipulateurs pour reprendre le contrôle.

L'attention et la validation sont d'autres facteurs de motivation importants pour les manipulateurs. De nombreuses personnes qui adoptent des comportements manipulateurs recherchent l'attention et l'approbation des autres. Ils peuvent recourir à la manipulation pour rapprocher les gens, pour être le centre d'attention ou pour se sentir importants et valorisés. Cela peut être particulièrement évident chez les individus narcissiques, qui ont souvent un sentiment exagéré de suffisance et un profond besoin d'admiration et d'affirmation.

La sécurité est un autre moteur de la manipulation. Certains manipulateurs ressentent une peur intense d'abandon ou de rejet et utilisent la manipulation pour s'assurer que les autres restent proches d'eux. En contrôlant les émotions et les actions de ceux qui les entourent, ils peuvent créer un sentiment de stabilité et de prévisibilité dans leurs relations. Ce besoin de sécurité peut être enraciné dans des expériences de la petite enfance ou dans des relations passées dans lesquelles ils se sont sentis négligés ou abandonnés.

En fin de compte, les objectifs des manipulateurs sont souvent égoïstes et centrés sur le maintien de leur sentiment de contrôle, de pouvoir et d'estime de soi. Ils ne sont peut-être pas toujours conscients de leurs motivations, mais leurs comportements visent systématiquement à atteindre ces objectifs sous-jacents. En comprenant ces motivations, les individus peuvent mieux reconnaître et gérer les comportements manipulateurs dans leur propre vie.

Théories et cadres psychologiques liés à la manipulation

Plusieurs théories et cadres psychologiques contribuent à expliquer le phénomène de manipulation et les comportements de ceux qui s'y livrent. Ces théories fournissent des informations précieuses sur les mécanismes sous-jacents qui conduisent aux actions manipulatrices et offrent une base pour développer des stratégies pour les contrecarrer.

Un cadre pertinent est le concept de « triade noire » des traits de personnalité, qui comprend le narcissisme, le machiavélisme et la psychopathie. Les individus qui présentent ces traits sont plus susceptibles d'adopter des comportements manipulateurs. Les narcissiques, avec leur sens grandiose de leur importance et leur besoin d'admiration, utilisent souvent la manipulation pour maintenir leur image de soi gonflée et pour maintenir les autres dans un état de dépendance. Le machiavélisme, caractérisé par une approche stratégique et manipulatrice des interactions sociales, implique le recours calculé à la tromperie et à l'exploitation pour atteindre des objectifs personnels. La psychopathie, marquée par un manque d'empathie et de remords, peut conduire à des comportements manipulateurs froids, calculés et dépourvus de véritable lien émotionnel.

La théorie de l'attachement offre également des informations précieuses sur la manipulation. Selon cette théorie, les premières expériences avec les soignants façonnent le style d'attachement d'un individu, qui à son tour influence ses relations tout au long de la vie. Ceux qui ont des styles d'attachement insécurisants, tels qu'un attachement anxieux ou évitant, peuvent être plus enclins à adopter des comportements manipulateurs pour gérer leurs peurs de rejet et d'abandon. Les individus anxieusement attachés peuvent utiliser la manipulation pour garder les autres proches et éviter d'être laissés seuls, tandis que les individus attachés de manière évitante peuvent manipuler pour maintenir une distance émotionnelle et se protéger de la vulnérabilité.

Les théories cognitivo-comportementales suggèrent que la manipulation peut s'apprendre par l'observation et le renforcement. Les individus peuvent développer des comportements manipulateurs en observant d'autres personnes qui utilisent ces tactiques avec succès ou en obtenant des résultats positifs lorsqu'ils se livrent eux-mêmes à la manipulation. Au fil du temps, ces comportements se renforcent et s'enracinent, ce qui en fait une manière habituelle d'interagir avec les autres. Cette perspective souligne l'importance d'aborder et de modifier ces comportements acquis par la sensibilisation et l'intervention.

Le concept d'intelligence émotionnelle joue également un rôle important dans la compréhension de la manipulation. L'intelligence émotionnelle implique la capacité de reconnaître, de comprendre et de gérer ses propres émotions, ainsi que celles des autres. Les manipulateurs ont souvent un haut degré d'intelligence émotionnelle dans le sens où ils peuvent percevoir et exploiter avec précision les émotions de leurs victimes. Cependant, leur utilisation de l'intelligence émotionnelle est orientée vers la manipulation plutôt que vers une véritable empathie et connexion. En améliorant leur propre intelligence émotionnelle, les individus peuvent devenir plus aptes à reconnaître les tactiques de manipulation et à réagir de manière à protéger leur bien-être émotionnel.

Reconnaître et contrecarrer les comportements manipulateurs

Reconnaître les comportements manipulateurs est une étape cruciale pour se protéger de leurs effets néfastes. Les tactiques de manipulation peuvent prendre de nombreuses formes, depuis la manipulation émotionnelle subtile jusqu'à des formes plus manifestes de contrôle et de coercition. Certains signes courants de manipulation incluent des critiques constantes, une culpabilisation, le fait de jouer la victime, le gaslighting et la création d'un sentiment de dépendance ou d'obligation.

Une stratégie efficace pour reconnaître la manipulation consiste à prêter attention à ce que vous ressentez lors des interactions avec une personne en particulier. Si vous vous sentez souvent confus, anxieux, coupable ou diminué après avoir interagi avec quelqu'un, cela peut être le signe qu'il utilise des tactiques de manipulation. Faire confiance à votre instinct et à vos sentiments peut être un outil puissant pour identifier et lutter contre la manipulation.

Fixer des limites claires et fermes est une autre stratégie essentielle pour contrecarrer la manipulation. Les limites sont les limites que vous fixez concernant ce que vous tolérerez et ne tolérerez pas dans vos relations. En établissant et en maintenant ces limites, vous pouvez vous protéger contre le contrôle ou l'exploitation des autres. Cela peut impliquer de communiquer explicitement vos limites, d'imposer des conséquences en cas de violation des limites et d'être prêt à vous éloigner des personnes qui ne respectent pas vos limites à plusieurs reprises.

Développer la conscience de soi et l'estime de soi est également crucial pour lutter contre la manipulation. Les manipulateurs s'attaquent souvent à des individus qui ont une faible estime d'eux-mêmes ou qui ne sont pas conscients de leurs propres besoins et vulnérabilités. En développant un fort sentiment d'estime de soi et en devenant plus à l'écoute de vos propres émotions et besoins, vous pouvez réduire votre susceptibilité à la manipulation. Cela peut impliquer de s'engager dans une introspection, de rechercher une thérapie ou des conseils et de s'entourer de relations de soutien et d'affirmation.

Empathie et compréhension face à la manipulation

S'il est essentiel de se protéger de la manipulation, il est également important d'aborder la question avec empathie et compréhension. Les comportements manipulateurs découlent souvent de peurs profondément ancrées, d'insécurités et de besoins non satisfaits. En reconnaissant les motivations sous-jacentes à ces comportements, les individus peuvent réagir avec compassion plutôt qu'avec colère ou ressentiment.

Cela ne signifie pas tolérer ou excuser les comportements manipulateurs, mais plutôt aborder la situation avec une perspective équilibrée. Comprendre que les manipulateurs sont souvent motivés par leur propre douleur et leur peur peut aider les individus à réagir de manière à la fois protectrice et compatissante. Cela peut impliquer de fixer des limites fermes tout en offrant soutien et compréhension, le cas échéant.

Le rôle des réseaux de soutien et de l'aide professionnelle

Faire face à la manipulation et aux abus peut être incroyablement difficile, et disposer d'un solide réseau de soutien est essentiel. Les amis, la famille et les groupes de soutien peuvent fournir un soutien émotionnel, une validation et des conseils pratiques. Ils peuvent aider les individus à reconnaître les comportements manipulateurs, à renforcer les limites et à offrir encouragement et assistance dans des situations difficiles.

L'aide professionnelle, telle qu'une thérapie ou des conseils, peut également s'avérer inestimable pour faire face à l'impact psychologique de la manipulation et des abus. Les thérapeutes peuvent aider les individus à développer des stratégies d'adaptation, à développer leur estime de soi et à surmonter le traumatisme émotionnel associé à la manipulation. Ils peuvent également fournir des conseils sur l'établissement et le maintien de limites, la gestion de relations difficiles et la promotion de modèles d'interaction plus sains.

Renforcer la résilience et l'autonomisation

En fin de compte, l'objectif de la compréhension de la manipulation et de ses fondements psychologiques est de renforcer la résilience et l'autonomisation. En reconnaissant les tactiques et les motivations des manipulateurs, les individus peuvent développer la force et la confiance nécessaires pour se protéger et favoriser des relations plus saines.

La résilience implique la capacité de résister à l'adversité et de s'en remettre. Cela nécessite de développer un fort sentiment d'estime de soi, une intelligence émotionnelle et les compétences nécessaires pour gérer des interactions sociales complexes. L'autonomisation implique de prendre le contrôle de sa propre vie, de prendre des décisions éclairées et d'affirmer ses besoins et ses limites.

Renforcer la résilience et l'autonomisation est un processus continu qui implique l'autoréflexion, l'apprentissage et la croissance. Cela nécessite un engagement à prendre soin de soi, à prendre conscience de soi et à développer continuellement des compétences relationnelles saines. En entreprenant ce voyage, les individus peuvent créer une vie sans manipulation ni abus, caractérisée par le respect, l'empathie et une véritable connexion.

Comprendre la psychologie derrière la manipulation est une étape cruciale pour traiter et contrecarrer ses effets néfastes. En explorant les motivations et les objectifs des manipulateurs, ainsi que les théories et les cadres psychologiques qui expliquent ces comportements, les individus peuvent acquérir des informations précieuses sur les raisons pour lesquelles la manipulation se produit et sur la manière dont elle peut être reconnue et traitée. Reconnaître les comportements manipulateurs, fixer des limites, développer la conscience de soi et l'estime de soi et rechercher du soutien sont autant de stratégies essentielles dans ce processus. En fin de compte, l'objectif est de renforcer la résilience et l'autonomisation, en favorisant des relations plus saines et plus respectueuses. En entreprenant ce voyage, les individus peuvent créer une vie caractérisée par une véritable connexion, le respect et le bien-être émotionnel.

Chapitre 2

Comment les manipulateurs exploitent les vulnérabilités

La manipulation est une force omniprésente et insidieuse qui peut infiltrer divers aspects de nos vies, des relations personnelles aux environnements professionnels. Comprendre comment les manipulateurs exploitent les vulnérabilités est crucial pour se protéger et favoriser des interactions plus saines. Les tactiques courantes utilisées par les manipulateurs sont révélées, il montre également comment reconnaître les signes subtils de manipulation et fournit des études de cas et des exemples pour illustrer ces comportements dans différents contextes.

Identifier les tactiques de manipulation

Les manipulateurs emploient un large éventail de tactiques pour contrôler, influencer et exploiter les autres. Ces tactiques sont souvent subtiles et insidieuses, ce qui les rend difficiles à reconnaître. Cependant, en se familiarisant avec ces stratégies, les individus peuvent mieux identifier et se défendre contre la manipulation.

Éclairage au gaz

Le gaslighting est une forme de manipulation psychologique dans laquelle le manipulateur fait douter la victime de ses propres perceptions, de ses souvenirs et de sa santé mentale. Cette tactique implique le déni répété des faits, la déformation de la réalité et la désinformation délibérée. Au fil du temps, la victime peut commencer à remettre en question sa propre réalité, ce qui entraîne de la confusion, de l'anxiété et une diminution de son estime de soi.

Culpabilité

Les manipulateurs utilisent souvent la culpabilité comme outil pour contrôler les autres. En faisant en sorte que la victime se sente coupable de ses actions, de ses choix ou même de ses sentiments, le manipulateur peut susciter la conformité et le contrôle. Des expressions telles que « Si tu m'aimais vraiment, tu le ferais... » ou « Après tout ce que j'ai fait pour toi... » sont des tactiques courantes pour culpabiliser.

Jouer la victime

En se présentant comme la victime, les manipulateurs peuvent susciter de la sympathie et manipuler les autres pour qu'ils répondent à leurs besoins. Cette tactique consiste souvent à exagérer ou à fabriquer des luttes personnelles, des difficultés ou des maladies pour attirer l'attention, le soutien et le contrôle sur les autres.

Bombardement d'amour

Le love-bombing est une tactique dans laquelle le manipulateur inonde la victime d'affection, d'attention et de compliments excessifs pour créer un sentiment de dépendance et de contrôle. Cette tactique est souvent utilisée dans les premières étapes d'une relation pour établir rapidement un lien émotionnel et gagner la confiance et la loyauté de la victime.

Triangulation

La triangulation consiste à manipuler les relations en faisant entrer un tiers dans la dynamique. Cette tactique peut être utilisée pour créer de la jalousie, de la compétition et de la division entre les individus, permettant ainsi au manipulateur de conserver son contrôle et son pouvoir. La triangulation peut également impliquer de monter les gens les uns contre les autres pour détourner l'attention des actions du manipulateur.

Projection

La projection est un mécanisme de défense par lequel le manipulateur attribue ses propres traits, comportements ou sentiments négatifs à la victime. En projetant ses défauts sur les autres, le manipulateur peut éviter d'assumer la responsabilité de ses actes et créer de la confusion et du doute chez la victime.

Isolement

Les manipulateurs cherchent souvent à isoler leurs victimes des amis, de la famille et des réseaux de soutien. En créant une distance physique ou émotionnelle, le manipulateur peut augmenter la dépendance de la victime à son égard et réduire la probabilité d'interférence ou de soutien extérieur.

Reconnaître les signes subtils de manipulation

La manipulation n'est pas toujours manifeste ou facilement reconnaissable. Souvent, cela se manifeste de manière subtile qui peut être facilement négligée ou ignorée. Reconnaître ces signes subtils est essentiel pour identifier et traiter la manipulation avant qu'elle ne dégénère.

Comportement incohérent

Les manipulateurs présentent souvent un comportement incohérent, oscillant entre des extrêmes de gentillesse et de cruauté, d'affection et d'indifférence, ou de soutien et de critique. Ces fluctuations peuvent créer de la confusion et déséquilibrer la victime, ce qui rend difficile la prévision ou la réponse aux actions du manipulateur.

Mépris des limites

Les manipulateurs ignorent ou violent souvent les limites personnelles, qu'elles soient physiques, émotionnelles ou psychologiques. Cela peut inclure l'invasion de l'espace personnel, la pression pour obtenir des informations personnelles ou l'ignorance des demandes de confidentialité et d'autonomie.

Charme excessif

Même si le charme en lui-même n'est pas manipulateur en soi, un charme excessif peut être un signal d'alarme. Les manipulateurs utilisent souvent le charme pour gagner la confiance et créer une impression positive, pour ensuite révéler leurs véritables intentions. Ce charme peut être particulièrement désarmant et rendre difficile la reconnaissance d'un comportement manipulateur.

Déplacement des reproches

Les manipulateurs sont habiles à rejeter la responsabilité et le blâme sur les autres. Lorsqu'ils sont confrontés à leurs actes, ils peuvent réagir par une attitude défensive, un déni ou des accusations. Ce transfert de responsabilité peut créer de la confusion et rendre difficile pour la victime de demander des comptes au manipulateur.

Explosions émotionnelles

Des explosions émotionnelles fréquentes et imprévisibles peuvent constituer une tactique pour garder la victime à cran et garder le contrôle. Ces explosions peuvent être utilisées pour intimider, culpabiliser ou manipuler la victime pour qu'elle se conforme.

Compliments détournés

Les manipulateurs utilisent souvent des compliments détournés ou des dénigrements subtils pour miner l'estime de soi et la confiance de la victime. Ces commentaires peuvent être déguisés en plaisanteries ou en critiques constructives, ce qui rend difficile pour la victime de reconnaître la manipulation.

Études de cas et exemples de manipulation dans différents contextes

Pour illustrer les tactiques et les signes de manipulation, explorons plusieurs études de cas et exemples issus de différents contextes, notamment les relations personnelles, les environnements professionnels et les interactions sociales.

Relations personnelles

Dans les relations personnelles, la manipulation peut prendre de nombreuses formes, depuis les partenariats amoureux jusqu'aux amitiés et à la dynamique familiale. Prenons le cas de Sarah et Mark. Mark utilise fréquemment des tactiques de gaslighting pour faire douter Sarah de ses propres perceptions et souvenirs. Chaque fois que Sarah confronte Mark à propos de son comportement, il le nie, l'accuse d'être trop sensible et suggère qu'elle imagine des choses. Au fil du temps, Sarah commence à remettre en question sa propre réalité et se sent de plus en plus anxieuse et isolée.

Un autre exemple est Lisa et son amie Emily. Emily joue souvent le rôle de la victime, exagérant ses luttes personnelles pour gagner la sympathie et le soutien de Lisa. Chaque fois que Lisa essaie de fixer des limites ou de donner la priorité à ses propres besoins, Emily la culpabilise en lui disant : "Je pensais que tu étais ma meilleure amie. Comment peux-tu être si égoïste ?" En conséquence, Lisa se sent obligée de donner la priorité aux besoins d'Emily plutôt qu'aux siens, même si cela nuit à son bien-être.

Environnements professionnels

Sur le lieu de travail, la manipulation peut se manifester de diverses manières, depuis les dynamiques de pouvoir jusqu'aux politiques de bureau. Prenons le cas de John et de sa collègue Karen. Karen utilise fréquemment la triangulation pour créer de la compétition et de la division entre les membres de l'équipe. Elle partage souvent des potins et des informations confidentielles avec différents collègues, les dressant les uns contre les autres et créant un environnement de travail tendu et hostile. Ce faisant, Karen garde le contrôle et se positionne comme une figure centrale de la dynamique du bureau.

Dans un autre scénario, le patron de Michael, David, utilise le love bombing pour le manipuler et l'amener à travailler de longues heures et à assumer des responsabilités supplémentaires. David comble Michael d'éloges, de reconnaissance et de promesses de promotion, créant un sentiment de loyauté et de dépendance. Cependant, lorsque Michael exprime des inquiétudes concernant sa charge de travail ou demande un congé, David devient distant et critique, ce qui fait que Michael se sent coupable et méconnu.

Interactions sociales

La manipulation peut également se produire dans des interactions sociales plus larges, notamment dans les groupes communautaires, les cercles sociaux et les interactions en ligne. Prenons le cas de Rachel, qui fait partie d'un organisme communautaire. L'un des chefs de groupe, Tom, utilise fréquemment la projection pour manipuler la dynamique de groupe. Chaque fois que des conflits surviennent, Tom accuse les autres d'être à l'origine des problèmes, projetant sur eux ses propres comportements négatifs. Cela crée de la confusion et des divisions au sein du groupe, rendant difficile la résolution des problèmes sous-jacents.

Dans un contexte en ligne, prenons le cas d'Alex, qui fait partie d'une communauté de jeux en ligne. Un autre joueur, Sam, utilise un charme excessif et des flatteries pour gagner la confiance d'Alex et accéder à ses informations personnelles. Une fois que Sam a gagné la confiance d'Alex, il commence à faire pression sur Alex pour qu'il partage plus de détails personnels et participe à des activités qui mettent Alex mal à l'aise. Lorsqu'Alex exprime ses inquiétudes, Sam utilise le rejet des reproches et des explosions émotionnelles pour le manipuler et l'amener à se conformer.

Autonomisation et stratégies pour faire face à la manipulation

Reconnaître la manipulation est la première étape pour y faire face et la contrer. Se doter de connaissances, d'outils et de stratégies est essentiel pour maintenir des relations saines et solides. Voici plusieurs stratégies pour faire face à la manipulation :

Établir et faire respecter les limites

Fixer des limites claires et fermes est crucial pour se protéger de la manipulation. Communiquez clairement vos limites et vos attentes et appliquez les conséquences en cas de violation des limites. Cela peut impliquer de vous éloigner des personnes manipulatrices ou de rechercher le soutien d'amis, de membres de votre famille ou de professionnels de confiance.

Développer l'intelligence émotionnelle

L'amélioration de l'intelligence émotionnelle peut aider les individus à reconnaître et à réagir plus efficacement aux tactiques de manipulation. Cela implique de devenir plus conscient de ses propres émotions, ainsi que de celles des autres, et de développer des compétences pour gérer et exprimer ces émotions de manière saine.

Rechercher de l'aide

Disposer d'un réseau de soutien solide est essentiel pour faire face à la manipulation. Les amis, la famille, les groupes de soutien et les professionnels peuvent apporter un soutien émotionnel, une validation et des conseils pratiques. Ils peuvent vous aider à reconnaître les comportements manipulateurs, à renforcer les limites et à offrir encouragement et assistance dans les situations difficiles.

Pratiquez les soins personnels

Prendre soin de votre propre bien-être émotionnel et physique est crucial pour renforcer la résilience contre la manipulation. Participez à des activités qui favorisent les soins personnels, comme l'exercice, les passe-temps, la méditation et passer du temps avec des personnes qui vous soutiennent et s'affirment. Donnez la priorité à vos propres besoins et à votre bien-être et évitez de les sacrifier pour le bien des autres.

Instruisez-vous

La connaissance est un outil puissant pour contrecarrer la manipulation. Renseignez-vous sur les tactiques utilisées par les manipulateurs et les mécanismes psychologiques qui conduisent à ces comportements. En devenant plus informé, vous pourrez mieux reconnaître et gérer la manipulation dans votre propre vie.

La manipulation est une force omniprésente et néfaste qui peut s'infiltrer dans divers aspects de nos vies. En comprenant les tactiques courantes utilisées par les manipulateurs, en reconnaissant les signes subtils de manipulation et en explorant des études de cas et des exemples, les individus peuvent devenir mieux équipés pour identifier et gérer ces comportements. Se doter de connaissances, d'outils et de stratégies est essentiel pour maintenir des relations saines et solides. En établissant des limites, en développant l'intelligence émotionnelle, en recherchant du soutien, en prenant soin de soi et en s'éduquant, les individus peuvent renforcer leur résilience et se protéger de la manipulation. En fin de compte, l'objectif est de favoriser des relations caractérisées par le respect, l'empathie et une connexion authentique, exemptes des effets néfastes de la manipulation.

chapitre 3

Violence émotionnelle : reconnaître et traiter les signes

La violence psychologique est une force silencieuse et insidieuse qui peut laisser des cicatrices profondes et durables sur ses victimes. Contrairement à la violence physique, qui se manifeste par des blessures et des contusions visibles, la violence psychologique opère souvent dans l'ombre, causant de profonds dommages psychologiques et émotionnels. Il vise à faire la lumière sur les différents types de violence psychologique, leurs effets dévastateurs sur les victimes et les mesures que les individus peuvent prendre pour les reconnaître et y remédier.

Types de violence psychologique

La violence psychologique peut prendre de nombreuses formes, chacune étant particulièrement dommageable. Comprendre ces formes est la première étape pour reconnaître et lutter contre la violence psychologique.

Violence verbale

La violence verbale comprend les cris, les injures, les insultes et d'autres formes de langage désobligeant. Il est conçu pour rabaisser, rabaisser et saper l'estime de soi de la victime. Par exemple, un partenaire qui traite constamment son partenaire de « stupide » ou de « sans valeur » se livre à de la violence verbale.

Éclairage au gaz

Le gaslighting est une forme de manipulation psychologique dans laquelle l'agresseur fait douter la victime de ses propres perceptions, souvenirs et santé mentale. En niant constamment les expériences et les sentiments de la victime, l'agresseur érode son sens de la réalité. Une tactique courante de gaslighting consiste pour l'agresseur à insister sur le fait que la victime « réagit de manière excessive » ou « imagine des choses » lorsqu'elle exprime ses inquiétudes.

Isolement

L'isolement consiste à couper la victime de ses amis, de sa famille et d'autres réseaux de soutien. En contrôlant les personnes avec lesquelles la victime interagit et en limitant ses contacts sociaux, l'agresseur augmente sa dépendance et son contrôle. Un agresseur peut insister pour savoir à tout moment où se trouve la victime et la décourager ou lui interdire de voir certaines personnes.

Humiliation

L'humiliation est utilisée pour dégrader la victime et détruire son estime de soi. Cela peut être fait publiquement ou en privé, par le biais d'actions telles que se moquer, ridiculiser ou embarrasser la victime. Un agresseur peut se moquer de l'apparence, de l'intelligence ou des capacités de la victime devant les autres pour la faire se sentir inférieure.

Contrôle et domination

Les agresseurs exercent souvent un contrôle sur divers aspects de la vie de la victime, notamment ses finances, ses activités et ses décisions. Ce contrôle vise à dominer et à restreindre l'indépendance de la victime. Par exemple, un agresseur peut contrôler l'argent du ménage, dictant combien la victime peut dépenser et pour quoi.

Chantage émotionnel

Le chantage émotionnel consiste à utiliser la peur, la culpabilité ou l'obligation pour manipuler la victime afin qu'elle se conforme. L'agresseur peut menacer de se faire du mal ou de faire du mal à autrui si la victime ne se conforme pas à ses demandes. Des déclarations telles que « Si tu me quittes, je me ferai du mal » sont des exemples courants de chantage émotionnel.

Blâmer et faire honte

Les agresseurs rejettent souvent la responsabilité de leurs propres comportements abusifs sur la victime. En faisant en sorte que la victime se sente responsable de l'abus, elle perpétue des sentiments de culpabilité et de honte. Un agresseur pourrait dire : « Si tu ne m'avais pas mis autant en colère, je n'aurais pas eu à crier après toi. »

Impact de la violence psychologique sur les victimes

L'impact de la violence psychologique est profond et de grande envergure. Cela affecte tous les aspects de la vie d'une victime, de sa santé mentale à ses relations et à son bien-être général.

Santé mentale

La violence psychologique peut entraîner toute une série de problèmes de santé mentale, notamment l'anxiété, la dépression et le trouble de stress post-traumatique (SSPT). Les victimes éprouvent souvent des sentiments d'inutilité, de désespoir et de stress chronique. Le barrage constant de négativité et de manipulation peut éroder leur estime de soi et leur estime de soi, conduisant à une grave détresse psychologique.

Santé physique

Le stress et l'anxiété provoqués par la violence psychologique peuvent se manifester par des problèmes de santé physique. Les victimes peuvent ressentir des maux de tête, des problèmes digestifs, des douleurs chroniques et des troubles du sommeil. La réponse prolongée du corps au stress peut affaiblir le système immunitaire, le rendant plus vulnérable aux maladies.

Des relations

La violence psychologique peut nuire à la capacité de la victime à faire confiance et à nouer des relations saines. Ils peuvent devenir isolés, renfermés et avoir peur de l'intimité. Les tactiques de l'agresseur peuvent amener la victime à remettre en question son propre jugement et à repousser les amis et les membres de sa famille qui le soutiennent, ce qui conduit à un isolement encore plus grand.

Estime de soi et identité

L'un des impacts les plus dévastateurs de la violence psychologique est la destruction de l'estime de soi et du sentiment d'identité de la victime. Les critiques constantes, la dévalorisation et la manipulation peuvent faire en sorte que la victime se sente indigne et peu aimable. Ils peuvent intérioriser les messages négatifs de l'agresseur, conduisant à une image de soi déformée et à une diminution de la confiance en soi.

Opportunités de vie

La violence psychologique peut limiter les possibilités de croissance personnelle et professionnelle de la victime. Le contrôle et la manipulation de l'agresseur peuvent empêcher la victime de poursuivre ses études, son avancement professionnel et d'autres objectifs de vie. La peur et le doute de soi suscités par l'agresseur peuvent également entraver la capacité de la victime à prendre des risques et à saisir de nouvelles opportunités.

Étapes pour identifier et faire face à la violence psychologique

Reconnaître la violence psychologique est la première étape pour y remédier. Les étapes suivantes peuvent aider les individus à identifier et à faire face à la violence psychologique dans leur vie.

Reconnaître les signes

La sensibilisation est essentielle pour reconnaître la violence psychologique. Faites attention aux comportements qui minent votre estime de soi, vous isolent des réseaux de soutien et vous font douter de votre réalité. Faites confiance à votre instinct et reconnaissez vos sentiments. Si quelque chose ne va pas, c'est probablement le cas.

Documenter l'abus

Tenir un registre des incidents abusifs peut vous aider à valider vos expériences et à fournir des preuves si nécessaire. Documentez les cas de violence verbale, de gaslighting, d'isolement et d'autres formes de violence émotionnelle. Notez la date, l'heure et le contexte de chaque incident. Cela peut également vous aider à déceler des tendances dans le comportement de l'agresseur.

Rechercher de l'aide

Demander de l'aide est crucial pour faire face à la violence psychologique. Parlez à des amis de confiance, à des membres de votre famille ou à un professionnel de la santé mentale. Les groupes de soutien et les lignes d'assistance téléphonique peuvent également fournir des conseils et une validation. Partager vos expériences avec les autres peut vous aider à vous sentir moins isolé et plus autonome.

Établir des limites

Fixer et faire respecter des limites est essentiel pour vous protéger contre de nouveaux abus. Communiquez clairement vos limites à l'agresseur et appliquez-les avec assurance. Cela peut impliquer de limiter les contacts, de refuser de s'engager dans certaines conversations ou de rechercher une séparation physique.

Élaborer un plan de sécurité

Si vous vivez une relation abusive, la création d'un plan de sécurité peut vous aider à vous protéger au cas où la situation dégénère. Ce plan peut inclure l'identification d'un endroit sûr où aller, la conservation des documents importants et des contacts d'urgence accessibles et la préparation d'un sac emballé au cas où vous auriez besoin de partir rapidement.

Instruisez-vous

En savoir plus sur la violence émotionnelle et la manipulation peut vous permettre de les reconnaître et d'y faire face. Lisez des livres, des articles et des ressources sur le sujet. Comprendre la dynamique de la maltraitance et les tactiques utilisées par les agresseurs peut vous aider à voir votre situation plus clairement et à prendre des décisions éclairées.

Pratiquez les soins personnels

Prendre soin de votre bien-être mental et physique est crucial face à la violence psychologique. Participez à des activités qui favorisent la relaxation, le bonheur et l'affirmation de soi. Cela peut inclure de l'exercice, des passe-temps, de la méditation et le fait de passer du temps avec des personnes positives et solidaires.

Envisagez l'aide d'un professionnel

La thérapie peut être un outil précieux pour faire face aux effets de la violence psychologique. Un professionnel de la santé mentale peut vous aider à gérer vos expériences, à renforcer votre estime de soi et à élaborer des stratégies d'adaptation. La thérapie peut également offrir un espace sûr pour explorer vos sentiments et travailler à la guérison.

Planifier l'avenir

Considérez vos objectifs à long terme et comment les atteindre. Cela peut impliquer de prévoir de quitter la relation abusive, de poursuivre votre croissance personnelle ou professionnelle et de reconstruire votre réseau de soutien. Se concentrer sur l'avenir peut donner de l'espoir et de la motivation pour agir.

Le voyage d'Emma vers la liberté

Emma était en couple avec son partenaire, Alex, depuis cinq ans. Au fil du temps, le comportement d'Alex est devenu de plus en plus contrôlant et manipulateur. Il critiquait souvent l'apparence d'Emma, rabaissait ses réalisations et l'isolait de ses amis et de sa famille. Emma a commencé à se sentir sans valeur et piégée, doutant de ses propres perceptions et se blâmant pour les problèmes de la relation.

Un jour, Emma s'est confiée à son amie proche, Sarah, sur ses expériences. Sarah a écouté avec empathie et a validé les sentiments d'Emma, l'aidant ainsi à reconnaître les signes de violence psychologique. Encouragée par le soutien de Sarah, Emma a commencé à documenter les incidents de maltraitance et à rechercher des informations sur la violence psychologique et la manipulation.

Avec l'aide de Sarah, Emma a établi des limites claires avec Alex et a suivi une thérapie pour reconstruire son estime de soi et sa confiance en soi. Son thérapeute lui a fourni des outils pour faire face aux effets de la violence et l'a aidée à élaborer un plan de sécurité au cas où la situation dégénérait.

Au fil du temps, Emma a acquis la force de quitter la relation abusive et de reconstruire sa vie. Elle a renoué avec ses amis et sa famille, a poursuivi ses objectifs de carrière et a poursuivi sa thérapie pour soutenir son cheminement de guérison. L'histoire d'Emma témoigne du pouvoir de la prise de conscience, du soutien et de l'autonomisation pour surmonter la violence psychologique.

Le chemin vers la guérison et l'autonomisation

La violence psychologique est une forme de violence profondément préjudiciable et généralisée qui peut laisser des cicatrices durables sur ses victimes. En comprenant les différents types de violence psychologique, en reconnaissant son impact et en prenant des mesures proactives pour y remédier, les individus peuvent se réapproprier leur vie et favoriser des relations plus saines et plus responsabilisantes.

Reconnaître les signes de violence psychologique et rechercher du soutien sont des étapes cruciales dans ce cheminement. Établir des limites, prendre soin de soi et envisager l'aide d'un professionnel peut permettre aux individus de faire face et de surmonter la violence psychologique. Grâce à la sensibilisation, à l'éducation et au soutien, les victimes de violence psychologique peuvent commencer à guérir et reconstruire leur vie, trouvant force et résilience face à l'adversité.

En fin de compte, le cheminement vers la guérison et l'autonomisation est un processus personnel et continu. En prenant des mesures proactives pour lutter contre la violence psychologique, les individus peuvent retrouver leur estime de soi, construire des relations plus saines et créer un avenir exempt des effets néfastes de la manipulation et du contrôle.

Chapitre 4

Gaslighting : comprendre et surmonter la manipulation psychologique

L'art sombre de l'éclairage au gaz

Le gaslighting est l'une des formes les plus insidieuses de manipulation psychologique. Il s'agit d'une tactique délibérée et astucieuse utilisée pour déformer la perception de la réalité par la victime, l'amenant à remettre en question ses souvenirs, son jugement et sa raison. Contrairement aux formes manifestes d'abus, le gaslighting est subtil, ce qui le rend difficile à reconnaître et à traiter. Cet article examine la définition et les caractéristiques du gaslighting, ses effets dévastateurs sur la santé mentale et les stratégies pour surmonter cette forme de manipulation.

Caractéristiques de l'éclairage au gaz

Le gaslighting est une forme de manipulation psychologique dans laquelle l'agresseur cherche à semer le doute dans l'esprit de la victime, l'amenant à remettre en question sa perception de la réalité, sa mémoire et sa raison.

Le terme provient de la pièce de 1938 "Gas Light" et de ses adaptations cinématographiques ultérieures, dans lesquelles un mari manipule sa femme en lui faisant croire qu'elle devient folle en modifiant de petits éléments de leur environnement et en insistant sur le fait qu'elle se trompe ou fait des illusions lorsqu'elle remarque les changements.

Déni persistant et contradiction

L'une des principales tactiques de gaslighting implique le déni persistant d'événements, de déclarations ou d'actions que la victime sait être vraies. Le briquet à gaz peut nier catégoriquement avoir dit ou fait quelque chose, même s'il existe des preuves claires du contraire. En contredisant constamment la victime, le briquet à gaz crée de la confusion et du doute.

Banaliser les sentiments de la victime

Les gaslighters rejettent ou minimisent souvent les sentiments de la victime, la faisant se sentir insignifiante ou trop sensible. Des expressions telles que « Vous réagissez de manière excessive » ou « Vous êtes trop sensible » sont couramment utilisées pour saper les émotions et les expériences de la victime. Cette tactique diminue la confiance de la victime dans ses propres sentiments et perceptions.

Utiliser la confusion pour affaiblir la victime

Créer de la confusion est un élément clé du gaslighting. Le briquet à gaz peut fournir des informations contradictoires, changer les histoires ou rejeter la faute de manière à laisser la victime perplexe et désorientée. En gardant la victime déséquilibrée, le briquet à gaz maintient le contrôle et le pouvoir sur elle.

Isoler la victime

Les gaslighters isolent souvent leurs victimes des amis, de la famille et d'autres réseaux de soutien. En coupant ces connexions, le gaslighter garantit que la victime dispose de moins de sources de validation et de soutien, ce qui la rend plus dépendante de l'agresseur. L'isolement empêche également la victime de prendre du recul sur sa situation.

Manipuler l'environnement

Les manipulations subtiles de l'environnement sont une autre caractéristique du gaslighting. Le briquet à gaz peut déplacer ou cacher des objets, modifier des détails ou créer des scénarios qui amènent la victime à remettre en question sa mémoire et sa perception. Lorsque la victime remarque ces changements, le briquet à gaz nie toute altération, déstabilisant encore davantage le sens de la réalité de la victime.

Projection et déviation

Les gaslighters projettent souvent leurs propres défauts et comportements sur la victime, l'accusant des mêmes choses que le gaslighter fait. Cette tactique détourne l'attention des actions du briquet à gaz et rejette la faute sur la victime, créant ainsi davantage de confusion et de doute.

Effets de l'éclairage au gaz sur la santé mentale

Les effets du gaslighting sur la santé mentale sont profonds et durables. Les victimes du gaslighting subissent toute une série de conséquences psychologiques et émotionnelles qui peuvent avoir de graves conséquences sur leur bien-être.

Érosion de la confiance en soi et de l'estime de soi

Le gaslighting érode systématiquement la confiance en soi et l'estime de soi de la victime. Le déni constant, la contradiction et la banalisation des expériences des victimes les amènent à remettre en question leur valeur et leurs capacités. Au fil du temps, la victime intériorise les messages négatifs du briquet à gaz, se croyant incompétente, indigne de confiance et inadéquate.

Anxiété chronique et dépression

La nature implacable de l'éclairage au gaz crée un environnement de stress et d'anxiété chroniques. Les victimes se sentent souvent nerveuses et remettent constamment en question leurs perceptions et elles-mêmes. Cet état d'anxiété persistant peut conduire à la dépression, caractérisée par des sentiments de désespoir, d'impuissance et une profonde tristesse.

Désorientation et confusion

Le gaslighting laisse les victimes dans un état constant de désorientation et de confusion. Les tactiques de manipulation employées par le briquet à gaz font qu'il est difficile pour la victime de faire confiance à ses propres souvenirs et jugements. Cette dissonance cognitive crée un sentiment de brouillard mental, dans lequel la victime a du mal à donner un sens à sa réalité.

Isolement et solitude

L'isolement imposé par le briquet à gaz exacerbe les sentiments de solitude et d'abandon de la victime. Coupée des relations de soutien et de la validation externe, la victime devient de plus en plus dépendante du briquet à gaz pour son affirmation et sa connexion. Cette dépendance enferme encore davantage la victime dans le cycle de la maltraitance.

Traumatisme et trouble de stress post-traumatique (SSPT)

La manipulation psychologique et la violence émotionnelle inhérentes au gaslighting peuvent entraîner des traumatismes et un syndrome de stress post-traumatique. Les victimes peuvent ressentir des flashbacks, des cauchemars, une hypervigilance et d'autres symptômes associés au stress traumatique. Les cicatrices émotionnelles laissées par le gaslighting peuvent persister longtemps après la fin de la relation abusive.

Stratégies pour surmonter les tactiques de gaslighting

Reconnaître et surmonter le gaslighting nécessite une approche multiforme qui implique la conscience de soi, le soutien et l'action stratégique. Les stratégies suivantes peuvent aider les victimes à se réapproprier leur réalité et à se libérer du cycle de manipulation.

Validez vos sentiments et vos expériences

L'une des étapes les plus importantes pour surmonter le gaslighting est de valider vos propres sentiments et expériences. Faites confiance à votre instinct et reconnaissez que vos perceptions sont réelles et valables. Tenez un journal pour documenter les incidents spécifiques d'éclairage au gaz, en notant les dates, les heures et les détails. Cet enregistrement peut servir de rappel tangible de votre réalité.

Rechercher une validation et un soutien externes

Faire appel à une validation et à un soutien externes est crucial pour contrecarrer les effets du gaslighting. Partagez vos expériences avec des amis de confiance, des membres de votre famille ou un professionnel de la santé mentale. Leurs points de vue peuvent vous aider à renforcer votre sens de la réalité et à vous apporter un soutien émotionnel indispensable.

Établir des limites

Fixer et faire respecter des limites avec le briquet à gaz est essentiel pour vous protéger contre toute manipulation ultérieure. Communiquez clairement vos limites et maintenez-les avec assurance. Cela peut impliquer de limiter les contacts, de refuser de s'engager dans des conversations manipulatrices ou de rechercher une séparation physique si nécessaire.

Renseignez-vous sur l'éclairage au gaz

La connaissance est un outil puissant dans la lutte contre le gaslighting. Renseignez-vous sur les tactiques et les caractéristiques du gaslighting à travers des livres, des articles et des ressources réputées. Comprendre la dynamique du gaslighting peut vous aider à reconnaître et à résister aux comportements manipulateurs.

Développer la confiance en soi et l'estime de soi

Reconstruire votre confiance en vous et votre estime de soi est un élément essentiel pour vous remettre du gaslighting. Participez à des activités qui favorisent l'affirmation de soi et la croissance personnelle. Faites preuve d'auto-compassion et remettez en question les discours intérieurs négatifs. Entourez-vous d'influences positives qui vous élèvent et vous soutiennent.

Développer un réseau de soutien

La création d'un réseau de soutien solide est essentielle pour surmonter le gaslighting. Connectez-vous avec des amis, des membres de votre famille et des ressources communautaires qui vous soutiennent. Rejoignez des groupes de soutien ou des forums en ligne où vous pourrez partager vos expériences et obtenir l'avis d'autres personnes qui ont été confrontées à des défis similaires.

Pratiquez les soins personnels

Donner la priorité aux soins personnels est essentiel pour guérir des effets de l'éclairage au gaz. Participez à des activités qui favorisent la détente, le bien-être et la joie. Cela peut inclure l'exercice, les passe-temps, la méditation et le temps passé dans la nature. Prendre soin de soi aide à reconstituer vos réserves émotionnelles et à renforcer votre résilience.

Envisagez l'aide d'un professionnel

La thérapie peut être une ressource inestimable pour surmonter le gaslighting. Un professionnel de la santé mentale peut vous fournir un espace sûr pour traiter vos expériences, développer des stratégies d'adaptation et reconstruire votre estime de soi. Les approches thérapeutiques telles que la thérapie cognitivo-comportementale (TCC) peuvent aider à remettre en question les schémas de pensée déformés et à renforcer une perception de soi saine.

Planifier des stratégies de sécurité et de sortie

Si vous êtes en relation avec un briquet à gaz, la planification des stratégies de sécurité et de sortie est cruciale. Identifiez les endroits sûrs où aller, gardez les documents importants et les contacts d'urgence accessibles et élaborez un plan pour mettre fin à la relation si nécessaire. Votre sécurité et votre bien-être sont primordiaux.

Le chemin de Mark vers la clarté

Mark entretenait une relation avec sa partenaire, Lisa, depuis plusieurs années. Au fil du temps, il a commencé à remarquer que Lisa niait souvent les événements, déformait les faits et le faisait se sentir confus et peu sûr de lui. Elle lui disait fréquemment qu'il « imaginait des choses » ou qu'il « était paranoïaque ». Mark s'est retrouvé à remettre en question sa mémoire et son jugement, se sentant de plus en plus désorienté et anxieux.

Un jour, Mark s'est confié à sa sœur sur ses expériences. Elle a écouté attentivement et a suggéré qu'il pourrait être victime de gaslighting. Grâce à ses encouragements, Mark a commencé à tenir un journal d'incidents spécifiques et de ses sentiments. Cette documentation l'a aidé à voir plus clairement les schémas de manipulation.

Mark a demandé l'aide d'un thérapeute, qui lui a fourni des outils pour reconstruire sa confiance en lui et remettre en question les tactiques du gaslighting. Grâce à la thérapie, Mark a appris à faire confiance à ses propres perceptions et à valider ses sentiments. Il a également établi des limites fermes avec Lisa et limité leurs interactions.

Finalement, Mark a décidé de mettre fin à la relation et de se concentrer sur son parcours de guérison. Il a renoué avec ses amis et sa famille, a poursuivi ses intérêts et a poursuivi sa thérapie. L'histoire de Mark illustre l'importance de la conscience de soi, du soutien et de l'aide professionnelle pour surmonter le gaslighting.

Récupérer votre réalité

Le gaslighting est une forme puissante et destructrice de manipulation psychologique qui peut laisser de profondes cicatrices émotionnelles. En comprenant ses caractéristiques, en reconnaissant son impact et en mettant en œuvre des stratégies pour le contrecarrer, les individus peuvent retrouver leur sens de la réalité et se libérer du cycle de manipulation.

Valider vos sentiments, rechercher du soutien et établir des limites sont des étapes cruciales de ce voyage. Vous renseigner sur le gaslighting, prendre soin de vous et envisager l'aide d'un professionnel peut vous permettre de surmonter cette forme insidieuse d'abus.

En fin de compte, le chemin vers la guérison après l'éclairage au gaz est celui de la découverte de soi et de l'autonomisation. En vous faisant confiance, en renforçant votre résilience et en vous entourant d'influences positives, vous pouvez vous réapproprier votre réalité et avancer avec force et clarté.

Chapitre 5

Types de personnalités manipulatrices

Les personnalités manipulatrices peuvent être trouvées dans divers horizons, masquant souvent leurs véritables intentions derrière des façades charmantes ou sans prétention. Comprendre les différents types de manipulateurs, leurs comportements et les signaux d'alarme peut aider les individus à se protéger des dommages émotionnels et psychologiques. Il explore les profils de différentes personnalités manipulatrices, les comportements courants qu'elles présentent et des études de cas réels qui mettent en évidence leurs tactiques.

Le manipulateur charismatique

Le manipulateur charismatique est souvent charmant, s'exprime clairement et semble confiant et sympathique. Ces individus utilisent leur charisme pour gagner la confiance et l'admiration, ce qui rend difficile aux autres de croire qu'ils pourraient avoir des arrière-pensées. Ils prospèrent dans les situations sociales, utilisant leur charme pour influencer et contrôler ceux qui les entourent.

Modèles de comportement et signaux d'alarme

Les manipulateurs charismatiques sont doués pour faire en sorte que les autres se sentent spéciaux et valorisés. Ils utilisent souvent la flatterie et les compliments pour gagner la confiance et créer un sentiment de loyauté. Cependant, ils peuvent également présenter un comportement incohérent, comme être trop attentif à un moment donné et distant le moment suivant. Cela crée de la confusion et une dépendance chez leurs cibles.

Ils peuvent également exploiter leur charisme pour manipuler la dynamique de groupe, en dressant les gens les uns contre les autres pour maintenir le contrôle. Ils savent détourner le blâme et peuvent faire en sorte que leurs victimes se sentent responsables de tout problème qui survient.

Le charmant chef

Jessica était connue pour son leadership charismatique au sein de sa communauté. Elle était toujours au centre de l'attention lors des réunions sociales et avait le don de faire en sorte que les gens se sentent importants. Cependant, sous son charme, Jessica avait l'habitude de manipuler son entourage. Elle promettait des opportunités et des faveurs à ses partisans, mais les mettait rarement à exécution. Au lieu de cela, elle a utilisé ces promesses pour garder les gens loyaux et dépendants d'elle. Lorsqu'elle y était confrontée,

Jessica utilisait son charme pour détourner le blâme, faisant douter ses victimes de leurs propres perceptions.

Le manipulateur de victimes

Les manipulateurs de victimes se présentent comme impuissants ou opprimés, utilisant la sympathie et la culpabilité pour contrôler les autres. Ils créent souvent des scénarios dans lesquels ils semblent être victimes des circonstances, suscitant pitié et soutien de leur entourage. Ce type de manipulation peut être particulièrement efficace car il joue sur la propension naturelle de l'être humain à aider ceux qui en ont besoin.

Modèles de comportement et signaux d'alarme

Les manipulateurs de victimes racontent souvent leurs malheurs et leurs difficultés, en exagérant ou en inventant des détails pour gagner la sympathie. Ils peuvent fréquemment demander de l'aide ou des faveurs, culpabilisant ainsi leurs partisans de ne pas les aider. Ces individus assument rarement la responsabilité de leurs actes, trouvant toujours quelqu'un ou quelque chose d'autre à blâmer pour leurs problèmes.

Un autre signal d'alarme est leur tendance à créer des situations dramatiques et de crise, garantissant ainsi qu'elles restent le centre de l'attention et du soutien. Ils isolent souvent leurs cibles des autres qui pourraient voir clair dans leur manipulation, renforçant ainsi leur dépendance.

La victime perpétuelle

Tom avait toujours besoin d'aide. Qu'il s'agisse d'un soutien financier, d'un réconfort émotionnel ou d'une aide dans les tâches quotidiennes, il s'est constamment tourné vers ses amis et sa famille pour obtenir de l'aide. Il racontait des histoires élaborées de trahison et de malchance, faisant que son entourage se sentait désolé pour lui. Cependant, chaque fois que quelqu'un essayait de l'aider à trouver des solutions à long terme, Tom résistait, préférant rester dans son rôle de victime. Au fil du temps, ses amis ont commencé à remarquer cette tendance et ont réalisé que Tom utilisait leur sympathie pour les manipuler.

Le manipulateur narcissique

Les manipulateurs narcissiques sont animés par un profond besoin d'admiration et de validation. Ils ont souvent un sentiment exagéré d'importance et un manque d'empathie envers les autres. Ces individus recourent à la manipulation pour maintenir leur supériorité et leur contrôle sur les autres, ignorant souvent les sentiments et les besoins de leur entourage.

Modèles de comportement et signaux d'alarme

Les manipulateurs narcissiques sont très égocentriques et dominent souvent les conversations, se concentrant sur leurs réalisations et leur importance. Ils peuvent utiliser les autres comme des outils pour atteindre leurs propres objectifs, sans se soucier de l'impact sur ceux qu'ils manipulent. La critique ou le rejet peuvent provoquer des réactions extrêmes, car ils ne peuvent tolérer rien qui menace leur image de soi gonflée.

Un signal d'alarme courant est leur tendance à rabaisser ou à rabaisser les autres pour affirmer leur supériorité. Ils peuvent également se livrer à du gaslighting, amenant leurs victimes à remettre en question leur propre réalité et leur santé mentale. Leur manque d'empathie devient souvent évident dans leurs interactions, car ils ne prennent pas en compte les sentiments et les besoins des autres.

Le partenaire égocentrique

Rachel était en couple avec David, qui semblait charmant et prospère au début. Cependant, au fur et à mesure que la relation progressait, Rachel remarqua que David était extrêmement égocentrique. Il parlait constamment de ses réalisations et écartait les sentiments et les inquiétudes de Rachel. Chaque fois que Rachel essayait d'exprimer ses besoins, David la rabaissait, la faisant se sentir insignifiante. Il manipulait également les situations pour faire douter Rachel de ses propres perceptions, l'amenant à remettre en question sa santé mentale. Au fil du temps,

Rachel s'est rendu compte que le comportement de David était un modèle de manipulation narcissique et a cherché de l'aide pour se libérer de cette relation toxique.

Le manipulateur passif-agressif

Les manipulateurs passifs-agressifs expriment indirectement leur hostilité et leur résistance, utilisant souvent des tactiques subtiles et secrètes pour contrôler les autres. Ils peuvent éviter la confrontation directe, optant plutôt pour des comportements qui confondent et frustrent leurs cibles. Cette forme de manipulation peut être particulièrement préjudiciable car elle est difficile à identifier et à traiter.

Modèles de comportement et signaux d'alarme

Les manipulateurs passifs-agressifs présentent souvent un modèle de procrastination, d'inefficacité délibérée et d'entêtement. Ils peuvent accepter des demandes ou des engagements, mais ensuite saboter leurs propres efforts, garantissant ainsi leur échec. Cela leur permet de maintenir une façade de coopération tout en exprimant leur résistance et leur hostilité sous-jacentes.

Les signaux d'alarme incluent des excuses fréquentes, le rejet de la faute et le fait de jouer la victime lorsqu'on y est confronté. Ils peuvent également utiliser le sarcasme, des compliments détournés et des dénigrements subtils pour nuire aux autres. Leur approche indirecte rend difficile la lutte directe contre la manipulation, car ils peuvent facilement nier toute mauvaise intention.

Le saboteur subtil

Emma a travaillé avec un collègue, Mike, connu pour son comportement passif-agressif. Mike accepterait d'assumer des tâches, mais manquerait ensuite systématiquement les délais et produirait un travail médiocre. Lorsqu'il était confronté, il s'excusait et jouait le rôle de la victime, affirmant qu'il était dépassé ou qu'il avait mal compris les instructions. Il a également eu recours au sarcasme et à des insultes subtiles pour saper la confiance et la crédibilité d'Emma. Consciente de cette tendance, Emma a documenté le comportement de Mike et a demandé l'aide de son superviseur pour résoudre le problème.

Le manipulateur de contrôle

Les manipulateurs contrôlants exercent un pouvoir et une domination sur les autres, en recourant souvent à la peur, à l'intimidation et à la coercition. Ils cherchent à contrôler tous les aspects de la vie de leur cible, y compris leurs pensées, leurs actions et leurs décisions. Cette forme de manipulation peut être manifeste et agressive, laissant la victime se sentir impuissante et piégée.

Modèles de comportement et signaux d'alarme

Les manipulateurs contrôlants ont souvent recours aux menaces, à l'intimidation et à la violence verbale pour maintenir le contrôle. Ils peuvent surveiller les activités de leur cible, l'isoler des réseaux de soutien et imposer des règles et des attentes rigides. Tout écart par rapport à leur contrôle peut provoquer une colère extrême et des actions punitives.

Les signaux d'alarme incluent un modèle de domination et un comportement autoritaire, un manque de respect des frontières et un refus de permettre l'indépendance ou l'autonomie. Ils peuvent également faire preuve de possessivité et de jalousie, utilisant ces émotions pour justifier leurs actions de contrôle.

Le conjoint dominant

Sara était mariée à John, qui a fait preuve d'un comportement contrôlant dès le début de leur relation. John a insisté pour connaître chaque détail de la journée de Sara, a surveillé son téléphone et ses réseaux sociaux et a limité ses interactions avec ses amis et sa famille. Il a eu recours à des menaces et à des intimidations pour faire respecter ses règles, faisant en sorte que Sara se sente piégée et impuissante. Reconnaissant les abus, Sara a contacté un groupe de soutien et a élaboré un plan pour mettre fin à la relation en toute sécurité et retrouver son indépendance.

Le manipulateur opportuniste

Les manipulateurs opportunistes sont motivés par leur intérêt personnel et exploiteront n'importe quelle situation ou personne pour atteindre leurs objectifs. Ils sont très adaptables et peuvent changer de tactique et de comportement en fonction de ce qui leur profite le plus. Cette forme de manipulation est souvent observée dans le cadre professionnel, où les individus recourent à la tromperie et à la ruse pour faire avancer leur carrière ou leurs agendas personnels.

Modèles de comportement et signaux d'alarme

Les manipulateurs opportunistes sont hautement stratégiques et peuvent paraître coopératifs et charmants lorsque cela sert leur objectif. Ils savent identifier les faiblesses et les opportunités, en utilisant ces connaissances à leur avantage. Ils peuvent se livrer à des pratiques trompeuses, telles que mentir, tricher et trahir, pour atteindre leurs objectifs.

Les signaux d'alarme incluent un comportement opportuniste, une incohérence dans les actions et les paroles et un manque de loyauté ou d'intégrité véritable. Ils peuvent également faire preuve d'un haut niveau de compétitivité et être prêts à sacrifier les autres pour leur propre gain.

Le collègue ambitieux

Mark travaillait dans un environnement d'entreprise compétitif et avait une collègue, Lisa, qui semblait amicale et solidaire. Cependant, Mark a commencé à remarquer que Lisa s'attribuait souvent le mérite de ses idées, répandait des rumeurs à son sujet et manipulait les situations à son avantage. Elle était très stratégique et changeait d'alliance en fonction de celui qui pourrait lui bénéficier le plus. Reconnaissant le comportement opportuniste de Lisa, Mark a documenté ses actions et a recherché du mentorat pour naviguer plus efficacement dans la dynamique du lieu de travail.

Le manipulateur séduisant

Les manipulateurs séduisants utilisent le charme, la flatterie et souvent l'attrait physique pour manipuler les autres. Ils exploitent les vulnérabilités émotionnelles et romantiques, créant un sentiment d'intimité et de connexion pour atteindre leurs objectifs. Cette forme de manipulation peut être particulièrement puissante car elle fait appel à de profonds besoins émotionnels et psychologiques.

Modèles de comportement et signaux d'alarme

Les manipulateurs séduisants sont hautement qualifiés pour créer un sentiment d'attraction et de connexion. Ils utilisent la flatterie, les compliments et les gestes romantiques pour gagner la confiance et l'affection. Cependant, ils peuvent également présenter des modèles d'incohérence, comme un intérêt intense suivi d'un retrait soudain, créant confusion et dépendance.

Les signaux d'alarme incluent une tendance à utiliser le charme et l'attractivité pour atteindre des objectifs, un manque de véritable profondeur émotionnelle et une tendance à manipuler les émotions et les affections. Ils peuvent également s'engager dans une triangulation, en utilisant d'autres relations pour créer de la jalousie et de la compétition.

Le charmant romantique

Anna a rencontré Jack, qui semblait être le partenaire idéal. Il était charmant, attentionné et lui faisait se sentir spéciale. Cependant, Anna a commencé à remarquer que Jack retirait souvent brusquement son affection, la laissant confuse et peu sûre d'elle. Il a également utilisé la flatterie et le charme pour la manipuler et lui faire faire des choses avec lesquelles elle n'était pas à l'aise. Reconnaissant ce schéma, Anna a demandé le soutien d'amis et s'est rendu compte que Jack utilisait une manipulation séduisante pour la contrôler.

Le martyr manipulateur

Les manipulateurs martyrs se présentent comme des gens dévoués et endurants, utilisant leur souffrance perçue pour contrôler et manipuler les autres. Ils culpabilisent souvent leurs cibles en mettant l'accent sur leurs propres sacrifices et difficultés. Cette forme de manipulation peut créer un sentiment d'obligation et d'endettement chez la victime.

Modèles de comportement et signaux d'alarme

Les martyrs manipulateurs mettent fréquemment en avant leurs sacrifices et leurs luttes, culpabilisant les autres de ne pas reconnaître ou apprécier leurs efforts. Ils peuvent utiliser des expressions telles que « Après tout ce que j'ai fait pour vous » pour manipuler leurs cibles et les amener à se conformer. Ils ont également tendance à assumer un rôle de victime, recherchant sympathie et soutien.

Les signaux d'alarme incluent une tendance à mettre l'accent sur les sacrifices et les difficultés, à utiliser la culpabilité pour manipuler et une tendance à assumer le rôle de victime. Ils peuvent également résister à toute tentative d'aide ou de changement de leur situation, préférant rester dans leur rôle de martyr.

Le parent qui se sacrifie

La mère d'Emily, Karen, mettait toujours l'accent sur les sacrifices qu'elle avait faits pour ses enfants. Elle rappelait fréquemment à Emily les difficultés qu'elle avait endurées et utilisait la culpabilité pour manipuler Emily afin qu'elle fasse des choses pour elle. Karen disait des choses comme : « Après tout ce que j'ai fait pour toi, tu ne peux même pas faire cette seule chose pour moi ? Reconnaissant ce schéma, Emily a cherché une thérapie pour lutter contre la manipulation émotionnelle et fixer des limites avec sa mère.

Le manipulateur calculateur

Les manipulateurs calculateurs ont une approche hautement stratégique et méthodique. Ils planifient soigneusement leurs actions, en tenant compte des conséquences et des avantages à long terme. Ce type de manipulation est souvent observé dans des environnements compétitifs, où les individus utilisent leur intelligence et leur ruse pour déjouer les autres.

Modèles de comportement et signaux d'alarme

Les manipulateurs calculateurs font preuve d'un haut niveau de réflexion et de planification stratégiques. Ils ont souvent un programme clair et utilisent la manipulation comme moyen d'atteindre leurs objectifs. Ils savent cacher leurs véritables intentions et peuvent être très patients, attendant le bon moment pour frapper.

Les signaux d'alarme incluent un modèle de réflexion et de planification stratégique, un manque de transparence et une tendance à manipuler les situations et les personnes pour leur propre gain. Ils peuvent également faire preuve d'un haut niveau de patience et de ruse, ce qui rend difficile la détection de leur manipulation.

Le directeur stratégique

David était cadre dans une grande entreprise et avait un collègue, John, connu pour sa réflexion stratégique. John planifiait soigneusement ses actions, manipulant les situations et les personnes pour atteindre ses objectifs. Il cachait souvent des informations, créait des alliances et sabotait ses concurrents. Reconnaissant le comportement calculateur de John, David a documenté ses actions et a demandé le soutien de la haute direction pour résoudre le problème.

Le manipulateur sadique

Les manipulateurs sadiques tirent du plaisir du fait de causer de la douleur et de la souffrance aux autres. Ils utilisent la manipulation pour exercer un contrôle et infliger du mal, profitant souvent du pouvoir qu'ils ont sur leurs victimes. Cette forme de manipulation est particulièrement néfaste car elle implique une cruauté et des abus intentionnels.

Modèles de comportement et signaux d'alarme

Les manipulateurs sadiques font preuve de cruauté et d'abus, utilisant souvent la manipulation pour infliger de la douleur et de la souffrance. Ils peuvent recourir à la violence verbale, émotionnelle ou physique pour contrôler leurs victimes. Ils font également preuve d'un manque d'empathie et d'une tendance à apprécier la souffrance des autres.

Les signaux d'alarme incluent un schéma de cruauté et d'abus, un manque d'empathie et une tendance à apprécier la souffrance des autres. Ils peuvent également faire preuve d'un niveau élevé de contrôle et de domination, ce qui rend difficile pour leurs victimes d'échapper aux abus.

Le partenaire abusif

Laura était en couple avec Tom, qui présentait un comportement sadique. Tom manipulerait Laura par le biais de violences verbales et émotionnelles, profitant du pouvoir qu'il avait sur elle. Il la rabaisserait, l'isolerait de ses amis et de sa famille et utiliserait des menaces et des intimidations pour garder le contrôle. Consciente de la maltraitance, Laura a demandé l'aide d'un groupe de soutien aux victimes de violence domestique et a élaboré un plan pour mettre fin à la relation en toute sécurité.

Le manipulateur envieux

Les manipulateurs envieux sont motivés par la jalousie et le ressentiment. Ils manipulent les autres pour les abaisser et s'élever, se livrant souvent au sabotage et à la tromperie. Cette forme de manipulation est alimentée par le désir de nuire aux autres et de prendre ce qu'ils ont.

Modèles de comportement et signaux d'alarme

Les manipulateurs envieux font preuve de jalousie et de ressentiment, ciblant souvent ceux qu'ils perçoivent comme des menaces. Ils peuvent se livrer au sabotage, répandre des rumeurs et tromper leurs cibles. Ils font également preuve d'un manque de véritable soutien et de loyauté, car leurs actions sont motivées par l'envie.

Les signaux d'alarme incluent un schéma de jalousie et de ressentiment, de sabotage et de tromperie, ainsi qu'un manque de véritable soutien et de loyauté. Ils peuvent également faire preuve d'un haut niveau de compétitivité, cherchant toujours à saper leurs objectifs.

Le collègue jaloux

Sarah a travaillé avec une collègue, Amy, qui a fait preuve d'un comportement envieux. Amy sapait fréquemment le travail de Sarah, répandait des rumeurs à son sujet et s'attribuait le mérite de ses idées. Elle était motivée par la jalousie et le ressentiment, cherchant toujours à faire tomber Sarah. Reconnaissant le comportement envieux d'Amy, Sarah a documenté ses actions et a demandé l'aide de son superviseur pour résoudre le problème.

Le manipulateur qui fait culpabiliser

Les manipulateurs culpabilisants utilisent la culpabilité et la honte pour contrôler les autres. Ils mettent souvent en avant leurs propres souffrances et sacrifices, faisant ainsi sentir à leurs cibles la responsabilité de leur bien-être. Cette forme de manipulation crée un sentiment d'obligation et d'endettement chez la victime.

Modèles de comportement et signaux d'alarme

Les manipulateurs culpabilisants mettent souvent l'accent sur leurs propres souffrances et sacrifices, utilisant la culpabilité et la honte pour manipuler les autres. Ils peuvent utiliser des expressions telles que « Vous me devez » ou « Après tout ce que j'ai fait pour vous » pour contrôler leurs cibles. Ils ont également tendance à assumer un rôle de victime, recherchant sympathie et soutien.

Les signaux d'alarme incluent une tendance à mettre l'accent sur la souffrance et les sacrifices, à utiliser la culpabilité et la honte pour manipuler, et une tendance à assumer le rôle de victime. Ils peuvent également résister à toute tentative d'aide ou de changement de leur situation, préférant rester dans leur rôle de culpabilisation.

L'ami manipulateur

Tom avait un ami, Mike, qui utilisait fréquemment la culpabilité pour le manipuler. Mike rappelait souvent à Tom les faveurs qu'il lui avait faites et utilisait des phrases comme « Tu me dois » pour le contrôler. Il mettait également l'accent sur ses propres souffrances et ses sacrifices, ce qui faisait que Tom se sentait coupable de ne pas l'avoir aidé. Reconnaissant le schéma, Tom a fixé des limites avec Mike et a demandé le soutien d'autres amis pour remédier à la manipulation.

Le manipulateur intimidant

Les manipulateurs intimidants utilisent la peur et les menaces pour contrôler les autres. Ils font souvent preuve d'un comportement agressif et dominateur, utilisant leur pouvoir pour manipuler et contrôler leurs cibles. Cette forme de manipulation crée un sentiment de peur et d'impuissance chez la victime.

Modèles de comportement et signaux d'alarme

Les manipulateurs intimidants présentent un modèle de comportement agressif et dominateur. Ils ont recours aux menaces, à l'intimidation et à la violence verbale pour maintenir le contrôle. Ils font également preuve d'un manque de respect des frontières et d'un refus de permettre l'indépendance ou l'autonomie.

Les signaux d'alarme incluent un schéma d'agression et de domination, un manque de respect des frontières et un refus de permettre l'indépendance ou l'autonomie. Ils peuvent également faire preuve de possessivité et de jalousie, utilisant ces émotions pour justifier leurs actions d'intimidation.

Le patron de l'intimidation

Jane travaillait pour un patron, Mark, qui présentait un comportement intimidant. Mark utilisait des menaces et des violences verbales pour contrôler ses employés, les faisant se sentir craintifs et impuissants. Il surveillerait également leurs activités et restreindrait leur autonomie, créant ainsi un sentiment de domination et de contrôle. Reconnaissant les abus, Jane a documenté le comportement de Mark et a demandé l'aide des RH pour résoudre le problème.

Le manipulateur émotionnel

Les manipulateurs émotionnels utilisent leurs émotions pour contrôler et manipuler les autres. Ils exploitent souvent les sentiments de leurs cibles, en utilisant la culpabilité, la honte et la sympathie pour atteindre leurs objectifs. Cette forme de manipulation crée un sentiment de confusion émotionnelle et de dépendance chez la victime.

Modèles de comportement et signaux d'alarme

Les manipulateurs émotionnels présentent une tendance à exploiter les émotions pour manipuler les autres. Ils peuvent utiliser la culpabilité, la honte et la sympathie pour contrôler leurs cibles. Ils présentent également un manque de véritable profondeur émotionnelle et une tendance à manipuler les émotions et les affections.

Les signaux d'alarme incluent une tendance à utiliser les émotions pour manipuler, un manque de véritable profondeur émotionnelle et une tendance à manipuler les émotions et les affections. Ils peuvent également s'engager dans une triangulation, en utilisant d'autres relations pour créer de la jalousie et de la compétition.

Le partenaire manipulateur

Laura était en couple avec Tom, qui faisait preuve de manipulation émotionnelle. Tom utilisait souvent la culpabilité et la honte pour contrôler Laura, la faisant se sentir responsable de son bien-être. Il exploiterait également ses émotions, utilisant sa sympathie et son affection pour la manipuler. Reconnaissant ce schéma, Laura a demandé le soutien d'amis et s'est rendu compte que Tom utilisait une manipulation émotionnelle pour la contrôler.

Le manipulateur égocentrique

Les manipulateurs égocentriques sont fortement concentrés sur leurs propres besoins et désirs. Ils recourent à la manipulation pour atteindre leurs objectifs, ignorant souvent les sentiments et les besoins des autres. Cette forme de manipulation se caractérise par un manque d'empathie et une tendance à utiliser les autres comme des outils pour parvenir à ses propres fins.

Modèles de comportement et signaux d'alarme

Les manipulateurs égocentriques présentent un comportement égocentrique et un manque d'empathie. Ils utilisent souvent les autres comme outils pour atteindre leurs objectifs, sans se soucier de l'impact sur ceux qu'ils manipulent. Ils peuvent également faire preuve d'un niveau élevé de droit et d'une tendance à dominer les conversations et les interactions.

Les signaux d'alarme incluent un modèle de comportement égocentrique, un manque d'empathie et une tendance à utiliser les autres comme des outils. Ils peuvent également faire preuve d'un niveau élevé de droit et d'une tendance à dominer les conversations et les interactions.

Le collègue égocentrique

Rachel a travaillé avec un collègue, David, qui a fait preuve d'un comportement égocentrique. David dominait souvent les conversations, se concentrant sur ses réalisations et son importance. Il utilisait également les autres comme outils pour atteindre ses objectifs, sans se soucier de leurs sentiments et de leurs besoins. Reconnaissant le comportement égocentrique de David, Rachel a demandé l'aide de son superviseur pour résoudre le problème.

Comprendre les différents types de personnalités manipulatrices et leurs modèles de comportement peut aider les individus à reconnaître et à gérer la manipulation dans leur vie. En étant conscients des signaux d'alarme et des tactiques utilisées par les manipulateurs, les individus peuvent se protéger et entretenir des relations saines et solides.

Chapitre 6

Les défis auxquels sont confrontées les victimes : se libérer des relations manipulatrices

Se libérer des relations manipulatrices est l'un des voyages les plus intimidants et les plus douloureux que l'on puisse entreprendre. Les victimes de telles relations sont souvent confrontées à une multitude de défis qui peuvent rendre le processus de séparation insurmontable. Il examine les obstacles à la fin d'une relation abusive, les obstacles émotionnels et psychologiques que les victimes doivent surmonter, ainsi que les systèmes de soutien et les ressources disponibles pour les aider dans leur cheminement vers la liberté et la guérison.

Obstacles à la fin des relations abusives

L'un des obstacles les plus importants à la fin d'une relation manipulatrice est la peur de l'inconnu. Les victimes sont souvent tellement ancrées dans la dynamique toxique que l'idée de vivre en dehors de la relation semble terrifiante et incertaine. Cette peur est aggravée par les tactiques du manipulateur, qui incluent fréquemment des menaces de préjudice ou d'abandon si la victime tente de partir. Les manipulateurs peuvent également isoler leurs victimes de leurs amis et de leur famille, ce qui rend difficile pour elles de demander de l'aide ou même de reconnaître qu'une aide est disponible. Cet isolement renforce la conviction de la victime qu'elle n'a nulle part vers qui se tourner.

La dépendance financière est un autre obstacle majeur. De nombreux individus manipulateurs exercent un contrôle sur leurs victimes en restreignant leur accès à l'argent, les rendant ainsi financièrement dépendantes. Ce contrôle financier peut créer un sentiment d'impuissance, car les victimes n'auront peut-être pas les ressources nécessaires pour subvenir à leurs besoins si elles partent. La peur de l'instabilité économique peut être paralysante, en particulier si la victime a des enfants ou d'autres personnes à charge dont elle doit s'occuper.

La stigmatisation sociale et la honte jouent également un rôle important en empêchant les victimes de partir. La société juge souvent les victimes durement, se demandant pourquoi elles sont restées dans la relation ou leur reprochant les abus. Ce jugement peut conduire à de profonds sentiments de honte et de culpabilité, rendant encore plus difficile pour les victimes de demander de l'aide. De plus, les victimes peuvent craindre de ne pas être crues ou prises au sérieux, surtout si la personne manipulatrice est charismatique ou respectée dans la communauté.

Défis émotionnels et psychologiques pour les victimes

Les défis émotionnels et psychologiques auxquels sont confrontées les victimes de relations manipulatrices sont profonds. L'un des problèmes les plus répandus est l'érosion de l'estime de soi et de l'estime de soi. Les individus manipulateurs utilisent souvent des tactiques telles que le gaslighting pour miner la confiance de leurs victimes et les faire douter de leurs perceptions et de la réalité. Au fil du temps, cela peut entraîner une perte importante de l'estime de soi, rendant difficile pour les victimes de croire qu'elles méritent mieux ou qu'elles ont la force de partir.

Le lien traumatique constitue un autre défi important. Le lien traumatique se produit lorsque la victime développe un fort attachement émotionnel envers le manipulateur en raison du renforcement intermittent de la maltraitance et de la gentillesse. Ce cycle d'abus suivi de périodes d'affection crée un attachement puissant et déroutant difficile à briser. Les victimes peuvent se retrouver à rationaliser le comportement du manipulateur, à croire que les moments de gentillesse l'emportent sur les abus, ou à espérer que l'agresseur changera.

La dépression et l'anxiété sont courantes chez les victimes de relations manipulatrices. Le stress et la peur constants ont des conséquences néfastes sur la santé mentale, entraînant des sentiments de désespoir et de désespoir. Les victimes peuvent être anxieuses quant à l'avenir, s'inquiéter pour leur sécurité et les répercussions potentielles de leur départ. Cette anxiété peut être accablante et rendre difficile l'action ou la prise de décisions claires.

De plus, les victimes éprouvent souvent un profond sentiment de perte et de chagrin lorsqu'elles envisagent de mettre fin à la relation. Malgré les abus, il peut y avoir eu de véritables moments de connexion et d'amour qui font que l'idée de partir ressemble à une trahison de ces bons moments. Ce conflit entre le désir de sécurité et l'attachement émotionnel au manipulateur crée une lutte interne douloureuse.

Systèmes de soutien et ressources disponibles pour les victimes

Malgré les nombreux défis, il existe des systèmes de soutien et des ressources disponibles pour aider les victimes à se libérer des relations manipulatrices. Reconnaître qu'elles ne sont pas seules et qu'une aide est disponible est une première étape cruciale pour les victimes.

L'une des ressources les plus précieuses est le conseil et la thérapie. Les conseillers et thérapeutes professionnels spécialisés dans la maltraitance et les traumatismes peuvent offrir aux victimes un espace sûr pour traiter leurs expériences et développer des stratégies d'adaptation. La thérapie peut aider à reconstruire l'estime de soi, à traiter les traumatismes et à créer un plan pour mettre fin à la relation en toute sécurité. La thérapie de groupe ou les groupes de soutien peuvent également être bénéfiques, car ils permettent aux victimes de se connecter avec d'autres personnes qui ont vécu des expériences similaires et de gagner en force grâce à des histoires partagées de survie et de résilience.

Les lignes d'assistance téléphonique et les centres de crise offrent un soutien immédiat aux victimes dans le besoin. Des organisations telles que la National Domestic Violence Hotline fournissent une assistance 24h/24 et 7j/7, offrant un soutien confidentiel et connectant les victimes aux ressources locales. Ces lignes d'assistance téléphonique peuvent constituer une bouée de sauvetage pour ceux qui se sentent isolés et ne savent pas vers qui se tourner.

Les refuges et les refuges offrent un refuge temporaire aux victimes qui doivent quitter rapidement leur domicile. Ces établissements offrent un environnement sûr et favorable où les victimes peuvent accéder à leurs besoins fondamentaux, à une assistance juridique et à un soutien émotionnel. De nombreux refuges fournissent également des ressources aux enfants, garantissant ainsi que toute la famille reçoit un soutien pendant la transition.

L'assistance juridique est une autre ressource cruciale. De nombreuses victimes de relations manipulatrices sont confrontées à des difficultés juridiques, qu'il s'agisse d'obtenir des ordonnances de non-communication, de résoudre des litiges concernant la garde ou de demander le divorce. Les organisations d'aide juridique et les avocats pro bono peuvent fournir le soutien juridique nécessaire pour aider les victimes à se protéger et à protéger leurs droits.

Les organismes communautaires et les groupes de défense jouent un rôle essentiel dans le soutien aux victimes. Ces groupes offrent souvent une gamme de services, notamment l'éducation, le plaidoyer et un soutien direct. Ils s'efforcent de sensibiliser au problème de la manipulation et des abus, plaident en faveur de changements politiques et fournissent une assistance directe à ceux qui en ont besoin.

Les amis et la famille peuvent également être une puissante source de soutien. Tendre la main à des proches en qui vous avez confiance peut apporter un soutien émotionnel et une aide pratique. Il est important que les amis et la famille écoutent sans jugement, offrent un espace sûr et aident la victime à explorer ses options.

En plus de ces ressources, les plateformes et forums en ligne peuvent offrir des informations et une assistance précieuses. Les sites Web dédiés aux survivants d'abus proposent du matériel pédagogique, des histoires personnelles et des forums où les victimes peuvent partager leurs expériences et demander conseil. Ces communautés en ligne peuvent offrir un sentiment de solidarité et de compréhension crucial pour la guérison.

Se libérer d'une relation manipulatrice est un voyage incroyablement difficile et courageux. Les victimes sont confrontées à de nombreux obstacles, allant de la peur et de la dépendance financière à la stigmatisation sociale et à l'attachement émotionnel. Le bilan psychologique de telles relations est profond, laissant les victimes avec une estime de soi brisée, des liens traumatisants et des problèmes de santé mentale. Cependant, l'espoir et l'aide sont disponibles. Grâce à des conseils, des lignes d'assistance téléphonique, des refuges, une assistance juridique et le soutien de leurs proches et d'organisations communautaires, les victimes peuvent trouver la force et les ressources dont elles ont besoin pour reprendre leur vie en main. Le chemin vers la liberté et la guérison n'est pas facile, mais il est possible, et faire ce premier pas est le début d'un nouveau chapitre, plus sain et plus responsabilisant.

Chapitre 7

Développer la conscience de soi : comprendre vos vulnérabilités

La conscience de soi est la pierre angulaire de la croissance personnelle et de la santé émotionnelle. Pour ceux qui ont vécu des relations manipulatrices, développer la conscience de soi est crucial pour comprendre leurs vulnérabilités, renforcer leur résilience émotionnelle et renforcer leur autoprotection. Il explore donc le processus de réflexion sur les faiblesses personnelles qui peuvent être exploitées, l'importance de développer la résilience émotionnelle et l'estime de soi, ainsi que les techniques permettant d'améliorer la conscience de soi et l'autoprotection.

Réfléchir aux faiblesses personnelles qui peuvent être exploitées

Comprendre et réfléchir sur les faiblesses personnelles est une étape essentielle dans le développement de la conscience de soi. Tout le monde a des vulnérabilités, et les individus manipulateurs savent identifier et exploiter ces faiblesses. Pour se protéger, il est essentiel de reconnaître ces pièges potentiels et d'y remédier de manière proactive.

Une vulnérabilité courante est le besoin de validation et d'approbation des autres. De nombreuses personnes tirent leur estime de soi de sources externes, recherchant l'affirmation et l'acceptation pour se sentir valorisées. Les manipulateurs exploitent souvent ce besoin en offrant d'abord des éloges et de l'attention, créant ainsi une dépendance à l'égard de leur approbation. Une fois cette dépendance établie, ils peuvent manipuler les émotions de la victime en refusant son approbation ou en lui proposant des critiques.

Une autre faiblesse exploitable est la peur du conflit et le désir de maintenir la paix. Les individus qui évitent la confrontation et privilégient l'harmonie peuvent se retrouver à accepter des demandes déraisonnables pour éviter la discorde. Les manipulateurs utilisent cela à leur avantage en repoussant les limites, sachant qu'il est peu probable que la victime repousse. Ce modèle de comportement peut éroder le sentiment d'action de la victime et renforcer le contrôle du manipulateur.

La faible estime de soi et le doute de soi sont également des vulnérabilités importantes. Les personnes qui ont du mal à avoir confiance en elles peuvent être plus susceptibles d'être manipulées, car elles peuvent croire qu'elles ne méritent pas un meilleur traitement ou que les évaluations négatives du manipulateur sont exactes. Cette vision négative intériorisée de soi peut rendre difficile la reconnaissance de la manipulation et la prise de mesures pour y remédier.

Réfléchir à ces faiblesses personnelles et à d'autres implique une introspection honnête. Cela nécessite de reconnaître les domaines dans lesquels on peut être susceptible d'être manipulé et de comprendre comment ces vulnérabilités ont été exploitées dans le passé. Cette réflexion ne vise pas à se culpabiliser mais à mieux comprendre son paysage émotionnel afin de construire des défenses plus solides.

Développer la résilience émotionnelle et l'estime de soi

Développer la résilience émotionnelle et l'estime de soi est crucial pour se protéger de la manipulation. La résilience émotionnelle est la capacité de s'adapter à des situations stressantes et de se remettre de l'adversité. Cela implique de développer une base interne solide, capable de résister aux pressions externes et aux tactiques de manipulation.

L'auto-compassion est une façon de renforcer la résilience émotionnelle. L'auto-compassion implique de se traiter avec gentillesse et compréhension dans les moments difficiles, plutôt que de faire preuve d'autocritique. En pratiquant l'auto-compassion, les individus peuvent cultiver un sentiment de force intérieure et de stabilité. Cette pratique contribue à créer un dialogue intérieur favorable qui contrecarre les messages négatifs des manipulateurs.

Un autre aspect de la résilience émotionnelle consiste à développer des mécanismes d'adaptation sains. Cela peut inclure des pratiques de pleine conscience, telles que la méditation et la respiration profonde, qui aident à gérer le stress et à maintenir l'équilibre émotionnel. S'engager dans des activités qui apportent de la joie et de l'épanouissement, comme les passe-temps ou l'exercice physique, peut également améliorer la résilience émotionnelle en fournissant des exutoires positifs au stress et en renforçant le sentiment d'estime de soi.

Construire l'estime de soi implique de reconnaître et de valoriser sa valeur et ses capacités inhérentes. Ce processus nécessite souvent de remettre en question les croyances négatives et de les remplacer par des affirmations positives. Fixer et atteindre de petits objectifs gérables peut aider à renforcer la confiance et le sentiment d'accomplissement. S'entourer de personnes solidaires et affirmées peut également jouer un rôle important dans le renforcement de l'estime de soi.

La thérapie ou le conseil peuvent contribuer à renforcer la résilience émotionnelle et l'estime de soi. Un thérapeute qualifié peut aider les individus à explorer les racines de leurs vulnérabilités, à développer des stratégies d'adaptation saines et à développer une meilleure estime de soi. La thérapie de groupe ou les groupes de soutien peuvent également procurer un sentiment de communauté et de compréhension partagée, ce qui peut être incroyablement stimulant.

Techniques pour améliorer la conscience de soi et l'autoprotection

Améliorer la conscience de soi et l'autoprotection nécessite un effort intentionnel et l'adoption de techniques spécifiques conçues pour favoriser une compréhension plus profonde de soi et construire des défenses contre la manipulation.

La tenue d'un journal est une technique efficace pour améliorer la conscience de soi. Écrire régulièrement sur ses pensées, ses sentiments et ses expériences peut fournir des informations précieuses sur les modèles de comportement et les réponses émotionnelles. La tenue d'un journal peut aider les individus à identifier les déclencheurs de leurs vulnérabilités et à reconnaître comment les manipulateurs les ont exploités dans le passé. Cette prise de conscience accrue peut permettre aux individus de faire des choix plus conscients et de fixer des limites plus saines.

Les pratiques de pleine conscience sont un autre outil puissant pour améliorer la conscience de soi. La pleine conscience consiste à prêter attention au moment présent sans jugement. En pratiquant la pleine conscience, les individus peuvent développer une plus grande conscience de leurs pensées, de leurs sentiments et de leurs sensations corporelles. Cette conscience accrue peut les aider à reconnaître lorsqu'ils sont manipulés et à réagir plus efficacement. Des techniques telles que la méditation, l'analyse corporelle et la respiration consciente peuvent être intégrées aux routines quotidiennes pour cultiver la pleine conscience.

Fixer des limites claires et fermes est un aspect essentiel de l'autoprotection. Les limites définissent ce qu'est un comportement acceptable et inacceptable et aident à protéger le bien-être émotionnel et physique d'une personne. Établir des limites nécessite un fort sentiment d'estime de soi et la capacité d'affirmer ses besoins et ses limites. Pratiquer une communication assertive peut être bénéfique à cet égard. La communication assertive consiste à s'exprimer clairement et respectueusement, sans agressivité ni passivité. Cela permet aux individus de se défendre et de faire respecter leurs limites.

L'éducation et la connaissance sont également des éléments essentiels de l'autoprotection. Comprendre les tactiques utilisées par les manipulateurs et la dynamique des relations manipulatrices peut fournir aux individus les outils nécessaires pour reconnaître et contrecarrer la manipulation. Lire des livres, assister à des ateliers ou participer à des cours en ligne sur des sujets tels que la violence psychologique, le gaslighting et la manipulation psychologique peuvent améliorer la compréhension et la préparation.

Construire un réseau de soutien solide est un autre élément crucial de l'autoprotection. Des amis de confiance, des membres de la famille et des groupes de soutien peuvent apporter une validation, des encouragements et une assistance pratique. Avoir un réseau de personnes solidaires peut aider à contrecarrer l'isolement que les manipulateurs imposent souvent et fournir une caisse de résonance pour ses expériences et ses décisions.

Développer l'intelligence émotionnelle est une autre technique précieuse pour améliorer la conscience de soi et l'autoprotection. L'intelligence émotionnelle implique la capacité de comprendre et de gérer ses émotions et celles des autres. En développant l'intelligence émotionnelle, les individus peuvent mieux gérer leurs relations et reconnaître les comportements manipulateurs. Ceci peut être réalisé grâce à des pratiques telles que l'écoute active, l'empathie et la pensée réflexive.

Une réflexion personnelle régulière est également importante pour maintenir la conscience de soi et l'autoprotection. Prendre le temps de réfléchir à ses expériences, ses émotions et ses comportements peut fournir des informations continues et aider les individus à rester à l'écoute de leurs besoins et de leurs limites. Cela peut être fait à travers des activités telles que la méditation, le yoga ou simplement en prenant des moments de calme pour la contemplation.

Développer la conscience de soi est un voyage transformateur qui implique de comprendre ses vulnérabilités, de développer sa résilience émotionnelle et son estime de soi, et d'adopter des techniques d'autoprotection. En réfléchissant à leurs faiblesses personnelles et en reconnaissant comment elles ont été exploitées, les individus peuvent acquérir des informations précieuses sur leur paysage émotionnel. Développer la résilience émotionnelle et l'estime de soi constitue une base solide pour résister à la manipulation et favoriser un sentiment de force intérieure. Des techniques telles que la tenue d'un journal, la pleine conscience, l'établissement de limites, l'éducation, la création d'un réseau de soutien, le développement de l'intelligence émotionnelle et l'autoréflexion régulière peuvent améliorer la conscience de soi et fournir de solides défenses contre la manipulation. Grâce à ce voyage de découverte de soi et de croissance, les individus peuvent se donner les moyens de se libérer des relations manipulatrices et de construire une vie plus saine et plus épanouissante.

Chapitre 8

Stratégies d'autonomisation : outils pour fixer des limites

Fixer et maintenir des limites est essentiel pour préserver le bien-être et le respect de soi, en particulier lorsqu'il s'agit d'individus manipulateurs. Les limites sont les limites que nous établissons pour nous protéger physiquement, émotionnellement et mentalement. Il explore les stratégies d'autonomisation pour fixer des limites, y compris les techniques d'affirmation de soi, les compétences de communication efficaces, ainsi que les exercices de jeu de rôle et les scénarios pour pratiquer la fixation de limites.

Techniques d'affirmation de soi pour établir et maintenir des limites

L'affirmation de soi est une compétence essentielle pour établir et maintenir des limites. Il s'agit d'exprimer clairement et avec assurance ses besoins, ses désirs et ses limites tout en respectant les droits d'autrui. L'affirmation de soi se distingue de l'agressivité, qui ne tient pas compte des droits des autres, et de la passivité, qui néglige ses propres besoins. En maîtrisant les techniques d'affirmation de soi, les individus peuvent rester fermes dans leurs limites et résister à la manipulation.

Une technique fondamentale d'affirmation de soi consiste à utiliser des déclarations « je ». Les déclarations « je » se concentrent sur les sentiments et les besoins de chacun sans blâmer ni critiquer les autres. Par exemple, au lieu de dire : « Vous ne m'écoutez jamais », une déclaration « je » affirmée serait : « Je ne me sens pas entendu lorsque vous parlez de moi. J'ai besoin que vous écoutiez mon point de vue. Cette approche minimise la défensive et encourage un dialogue constructif.

Une autre technique est la méthode du disque rayé. Cela implique de répéter calmement et avec persistance sa position ou sa demande, quelle que soit la réaction de l'autre personne. Par exemple, si quelqu'un vous pousse à faire quelque chose qui vous met mal à l'aise, vous pouvez dire à plusieurs reprises : « Non, je ne suis pas à l'aise avec ça ». La méthode du record battu renforce vos limites sans vous laisser entraîner dans de longs arguments ou justifications.

Fixer des limites est également crucial. Définir clairement ce qui constitue un comportement acceptable et inacceptable contribue à renforcer les limites. Par exemple, si quelqu'un ne respecte pas votre temps à plusieurs reprises en étant en retard, vous pouvez fixer une limite en disant : « Si vous êtes en retard de plus de 15 minutes, je partirai ».

Cela établit une conséquence claire en cas de violation des limites et montre que vous prenez vos limites au sérieux.

Pratiquer l'affirmation de soi est un autre aspect important de l'affirmation de soi. Vous rappeler votre valeur et votre droit de fixer des limites peut renforcer votre confiance et votre détermination. Des affirmations telles que « J'ai droit à mes sentiments et à mes besoins » ou « Mes limites sont valables et importantes » peuvent renforcer une image de soi positive et renforcer votre assurance.

Compétences de communication efficaces pour faire face aux manipulateurs

Une communication efficace est essentielle lorsqu'il s'agit de manipulateurs. Les individus manipulateurs utilisent souvent des tactiques de communication pour saper, contrôler ou confondre leurs cibles. En perfectionnant leurs compétences en communication, les individus peuvent résister à la manipulation et respecter leurs limites.

Une compétence clé est l'écoute active. L'écoute active implique de se concentrer pleinement sur l'orateur, de comprendre son message et de répondre de manière réfléchie. Cela peut aider à identifier les tactiques de manipulation et à réagir de manière appropriée. Les techniques d'écoute active consistent à maintenir un contact visuel, à hocher la tête et à fournir des commentaires, par exemple en résumant ce que l'autre personne a dit pour confirmer sa compréhension. Par exemple : « Alors, vous dites que vous êtes contrarié parce que je ne vous ai pas rappelé immédiatement ?

La communication non verbale est également cruciale. Le langage corporel, les expressions faciales et le ton de la voix peuvent transmettre confiance et assurance. Maintenir une posture ouverte, établir un contact visuel et utiliser un ton calme et constant peut améliorer l'impact de vos mots et renforcer vos limites.

Fixer des limites claires et précises est essentiel. Des limites vagues ou ambiguës peuvent être facilement manipulées ou ignorées. Par exemple, au lieu de dire : « J'ai besoin de plus de respect », soyez précis : « J'ai besoin que vous arrêtiez de m'interrompre lorsque je parle ». Des limites claires laissent moins de place à la manipulation et facilitent l'application des conséquences.

Utiliser un langage neutre peut également être efficace. Les manipulateurs tentent souvent de provoquer des réactions émotionnelles pour prendre le contrôle. Répondre avec un langage neutre et non émotionnel peut désamorcer ces tentatives et rester concentré sur le problème en question. Par exemple, au lieu de réagir avec colère à un commentaire provocateur, dites calmement : « Je ne suis pas d'accord avec cela » et revenez au sujet principal.

Fixer et maintenir des limites implique également de reconnaître et de contester les tactiques de manipulation. Les tactiques courantes incluent la culpabilité, le gaslighting et le fait de jouer la victime. En étant conscients de ces tactiques, les individus peuvent identifier le moment où ils sont manipulés et réagir avec assurance. Par exemple, si quelqu'un essaie de vous culpabiliser en vous disant : « Vous êtes tellement égoïste de ne pas m'aider », répondez par une déclaration affirmée : « Je comprends que vous êtes contrarié, mais j'ai d'autres engagements dont je dois tenir compte. prioriser."

Exercices de jeux de rôle et scénarios pour pratiquer l'établissement de limites

Les exercices de jeux de rôle et les scénarios sont des outils efficaces pour pratiquer l'établissement de limites. Ces exercices permettent aux individus de répéter leurs techniques d'affirmation de soi et leurs compétences de communication dans un environnement sûr et contrôlé. En pratiquant différents scénarios, les individus peuvent renforcer leur confiance et développer des stratégies pour des situations réelles.

Un exercice de jeu de rôle utile est le scénario d'affirmation de soi. Cela implique de créer un scénario pour une situation spécifique où des limites doivent être fixées, puis de pratiquer le scénario avec un partenaire. Par exemple, si vous devez fixer une limite avec un ami qui emprunte fréquemment de l'argent et ne le rembourse pas, vous pouvez créer un script comme celui-ci : « J'apprécie notre amitié, mais j'ai besoin de parler de l'argent que vous avez emprunté. J'ai besoin que tu rembourses ce que tu dois avant que je puisse te prêter davantage. Pratiquer ce script avec un partenaire peut vous aider à affiner votre prestation et à renforcer votre confiance.

Un autre exercice est le scénario de fixation des limites. Dans cet exercice, une personne joue le rôle du manipulateur et l'autre s'entraîne à fixer et à faire respecter des limites. Par exemple, le manipulateur pourrait dire : « Si tu tenais vraiment à moi, tu m'aiderais dans ce projet », et la personne qui pratique pourrait répondre : « Je tiens à toi, mais j'ai d'autres engagements en ce moment et je ne peux pas. aider au projet." Cet exercice aide les individus à s'entraîner à réagir aux tactiques de manipulation courantes et à maintenir leurs limites.

L'exercice du miroir est un autre outil utile. Dans cet exercice, les individus s'entraînent à prononcer des déclarations affirmées devant un miroir. Cela les aide à devenir plus conscients de leur langage corporel, de leurs expressions faciales et du ton de leur voix. En s'observant, ils peuvent faire des ajustements pour garantir que leur communication est confiante et affirmée.

Les jeux de rôle en groupe peuvent également être bénéfiques. En groupe, les individus peuvent pratiquer à tour de rôle différents scénarios et recevoir les commentaires des autres. Cela offre un large éventail de perspectives et de suggestions, améliorant ainsi l'expérience d'apprentissage. Les jeux de rôle en groupe peuvent également créer un sentiment de communauté et de soutien, ce qui peut être responsabilisant et motivant.

L'autonomisation par l'établissement de limites est un aspect essentiel de la croissance personnelle et de l'autoprotection, en particulier lorsqu'il s'agit d'individus manipulateurs. En maîtrisant les techniques d'affirmation de soi, les individus peuvent exprimer clairement et en toute confiance leurs besoins et leurs limites. Des compétences de communication efficaces, notamment l'écoute active, la communication non verbale et l'utilisation d'un langage neutre, peuvent aider à résister à la manipulation et à maintenir les limites. Les exercices de jeux de rôle et les scénarios offrent des opportunités pratiques de répéter ces compétences et de renforcer la confiance. Grâce à ces stratégies d'autonomisation, les individus peuvent protéger leur bien-être, préserver leur estime de soi et favoriser des relations plus saines et plus respectueuses.

Chapitre 9

Redéfinir les règles d'engagement : établir une dynamique relationnelle saine

Établir une dynamique relationnelle saine est fondamental pour favoriser des liens enrichissants, respectueux et solidaires. Comprendre les principes de relations saines, reconnaître les signaux d'alarme à éviter et mettre en œuvre des stratégies pour promouvoir le respect et la confiance mutuels sont des étapes essentielles pour bâtir et entretenir des relations épanouissantes. Il examine ces aspects cruciaux en détail, offrant des informations et des conseils pratiques à tous ceux qui cherchent à créer des liens plus forts et plus sains.

Principes de relations saines

Des relations saines reposent sur une base de respect mutuel, de confiance, de communication et d'égalité. Ces principes fondamentaux servent de fondement aux relations qui améliorent le bien-être des deux partenaires et leur permettent de grandir individuellement et ensemble.

Respect mutuel

Le respect est la pierre angulaire de toute relation saine. Cela implique de reconnaître et de valoriser les sentiments, les pensées et les limites de chacun. Dans une relation respectueuse, les deux partenaires se sentent entendus et valorisés. Ils reconnaissent l'autonomie de chacun et ne tentent pas de se contrôler ou de se rabaisser. Le respect se manifeste par l'écoute active, l'empathie et la volonté de comprendre le point de vue de l'autre personne.

Confiance

La confiance est essentielle pour qu'une relation prospère. Elle se construit au fil du temps grâce à un comportement cohérent, fiable et honnête. La confiance implique de croire en l'intégrité et les intentions de l'autre personne. Dans une relation de confiance, les partenaires se sentent en sécurité pour exprimer leurs vulnérabilités sans crainte de jugement ou de trahison. La confiance, c'est aussi tenir ses promesses et être fiable, ce qui renforce le sentiment de sécurité au sein de la relation.

Communication

Une communication efficace est un élément essentiel de relations saines. Cela implique de partager ouvertement et honnêtement ses pensées, ses sentiments et ses besoins. La communication doit être bidirectionnelle, les deux partenaires écoutant activement et répondant de manière réfléchie. Une communication claire et ouverte aide à prévenir les malentendus, à résoudre les conflits et à approfondir le lien émotionnel. Cela implique également de s'exprimer avec assurance, sans agressivité ni passivité, et d'être prêt à s'engager de manière constructive dans des conversations difficiles.

Égalité

L'égalité dans les relations signifie que les deux partenaires ont un droit de parole et un pouvoir égaux dans la prise de décision. Cela implique de partager les responsabilités et de soutenir les objectifs et les aspirations de chacun. Dans une relation d'égalité, aucun des partenaires ne domine ou ne contrôle l'autre. Au lieu de cela, ils travaillent ensemble en équipe, valorisant les contributions de chacun et veillant à ce que les besoins et les désirs des deux partenaires soient pris en compte et respectés.

Drapeaux rouges à éviter dans les relations

Reconnaître les signaux d'alarme dans les relations est crucial pour identifier les dynamiques malsaines et prendre des mesures pour y remédier. Les signaux d'alarme sont des signes avant-coureurs qui indiquent des problèmes potentiels ou des comportements toxiques qui peuvent nuire à la santé et à la stabilité de la relation.

Contrôle et manipulation

L'un des signaux d'alarme les plus importants concerne toute forme de contrôle ou de manipulation. Cela peut se manifester par la tentative d'un partenaire de dicter les actions, les choix ou les comportements de l'autre. Les tactiques de manipulation telles que la manipulation, la culpabilisation et le chantage émotionnel sont nuisibles et érodent la confiance et le respect. Dans une relation saine, les deux partenaires doivent se sentir libres de prendre leurs propres décisions sans contrainte.

Manque de communication

Une mauvaise communication ou un manque de communication est un autre signal d'alarme. Si l'un ou les deux partenaires ne veulent pas ou ne peuvent pas communiquer ouvertement et honnêtement, cela peut conduire à des malentendus, du ressentiment et des conflits non résolus. Des relations saines nécessitent un dialogue continu et une volonté de résoudre les problèmes à mesure qu'ils surviennent.

Manque de respect et critique

Un manque de respect ou des critiques constants, qu'ils soient manifestes ou subtils, sont le signe avant-coureur d'une relation malsaine. Cela peut inclure de rabaisser, d'insulter, de se moquer ou de rejeter les sentiments et les opinions de l'autre personne. Le respect est fondamental pour une relation saine, et un manque de respect continu peut causer des dommages émotionnels importants.

Jalousie et possessivité

Une jalousie ou une possessivité excessive peut être le signe d'une insécurité et d'un manque de confiance. Bien que les sentiments occasionnels de jalousie soient naturels, lorsqu'ils deviennent un problème persistant ou conduisent à un comportement de contrôle, ils sapent le fondement de confiance de la relation. Les partenaires doivent avoir confiance dans leur relation et se faire confiance sans recourir à des comportements possessifs.

Déséquilibre du pouvoir

Un déséquilibre de pouvoir, où un partenaire domine ou contrôle systématiquement l'autre, est un signal d'alarme. Les relations saines sont basées sur l'égalité et la prise de décision partagée. Si l'un des partenaires se sent impuissant ou subordonné, cela peut entraîner des sentiments de ressentiment et d'insatisfaction.

Isolement

Si un partenaire tente d'isoler l'autre de ses amis, de sa famille ou de ses réseaux de soutien, c'est un signe d'avertissement important. L'isolement peut être une tactique utilisée pour contrôler et manipuler, rendant l'autre personne plus dépendante de la relation. Des relations saines encouragent et soutiennent les liens avec d'autres personnes en dehors du partenariat.

Stratégies pour promouvoir le respect et la confiance mutuels

Promouvoir le respect mutuel et la confiance dans une relation nécessite des efforts et un engagement intentionnels de la part des deux partenaires. En mettant en œuvre des stratégies qui favorisent ces qualités, les couples peuvent construire un lien plus fort et plus résilient.

Pratiquez l'écoute active

L'écoute active implique de s'engager pleinement dans ce que dit l'autre personne sans l'interrompre ni formuler de réponse pendant qu'elle parle. Cela nécessite d'être attentif, de faire preuve d'empathie et de réfléchir à ce qui a été dit. L'écoute active démontre le respect et valide les sentiments et les expériences de l'autre personne.

Montrer votre appréciation

Exprimer régulièrement son appréciation envers votre partenaire renforce les comportements positifs et favorise un sentiment de valeur et de respect. De simples actes de gratitude, comme remercier votre partenaire pour son soutien ou reconnaître ses efforts, peuvent renforcer le lien émotionnel et instaurer la confiance.

Soyez honnête et transparent

L'honnêteté est cruciale pour instaurer la confiance. Être honnête sur vos sentiments, vos pensées et vos actions contribue à créer une base de fiabilité et d'intégrité. La transparence implique d'être ouvert sur des aspects importants de votre vie, tels que les finances, les expériences passées et les objectifs futurs. Partager ouvertement renforce la confiance et réduit le risque de malentendus.

Établir des limites

Fixer et respecter des limites est essentiel pour maintenir une relation saine. Les limites définissent ce qu'est un comportement acceptable et inacceptable et protègent l'autonomie et le bien-être de chaque personne. Les deux partenaires doivent communiquer clairement leurs limites et être prêts à respecter celles de chacun.

Résoudre les conflits de manière constructive

Les conflits font naturellement partie de toute relation, mais la manière dont ils sont gérés peut avoir un impact significatif sur la santé de la relation. La résolution constructive des conflits implique d'aborder les problèmes directement et avec respect, de chercher à comprendre les points de vue de chacun et de trouver des solutions mutuellement acceptables. Éviter les reproches, se concentrer sur le problème plutôt que sur la personne et être prêt à faire des compromis sont des aspects clés d'une résolution constructive des conflits.

Soutenir la croissance de chacun

S'encourager et se soutenir mutuellement dans leur croissance et leur développement personnels est le signe d'une relation saine. Cela implique de respecter les objectifs et les aspirations de chacun, d'offrir des encouragements et du soutien et de célébrer les réussites de chacun. Accompagner la croissance, c'est aussi avoir la volonté de s'adapter et de grandir ensemble en couple.

Passez du temps de qualité ensemble

Passer régulièrement du temps de qualité ensemble contribue à renforcer le lien émotionnel et favorise un sentiment de connexion et d'intimité. S'engager dans des activités que les deux partenaires apprécient, avoir des conversations significatives et créer des expériences partagées peuvent améliorer la relation et renforcer la confiance.

Demandez de l'aide en cas de besoin

Parfois, le soutien externe d'un thérapeute ou d'un conseiller peut être bénéfique pour relever les défis relationnels et promouvoir le respect et la confiance mutuels. La thérapie peut offrir aux deux partenaires un espace sûr pour explorer les problèmes, développer de meilleures compétences en communication et apprendre des stratégies pour construire une relation plus saine.

Établir une dynamique relationnelle saine est un processus continu qui nécessite engagement, efforts et respect mutuel. En comprenant les principes de relations saines, en reconnaissant les signaux d'alarme et en mettant en œuvre des stratégies pour promouvoir le respect et la confiance mutuels, les individus peuvent créer et entretenir des liens épanouissants et solidaires. Les relations saines se caractérisent par le respect, la confiance, la communication et l'égalité, et constituent le fondement de la croissance personnelle et du bien-être émotionnel. En travaillant activement à développer et à maintenir ces qualités, les individus peuvent nouer des relations enrichissantes, responsabilisantes et résilientes.

Chapitre 10

Considérations juridiques et pratiques : demander de l'aide et agir

Face à la manipulation et aux abus, il est essentiel que les victimes comprennent les protections juridiques dont elles disposent, les mesures à prendre lorsqu'elles traitent des questions juridiques et des conseils pratiques pour rechercher de l'aide et du soutien. Il fournira un aperçu complet de ces aspects critiques, donnant aux victimes les connaissances et les outils dont elles ont besoin pour se protéger et agir.

Protections juridiques et options disponibles pour les victimes

Les victimes de violence psychologique, de manipulation psychologique et de manipulation psychologique sont souvent confrontées à de nombreux défis, mais les systèmes juridiques de nombreux pays offrent des protections et des options pour les aider. Ces protections varient selon les juridictions, mais il existe plusieurs mesures juridiques courantes conçues pour protéger les victimes et tenir les agresseurs pour responsables.

Ordonnances de restriction et ordonnances de protection

L'une des protections juridiques disponibles les plus courantes est une ordonnance de non-communication, également appelée ordonnance de protection. Ces ordonnances du tribunal peuvent interdire à l'agresseur de contacter ou de s'approcher de la victime, de son domicile, de son lieu de travail ou d'autres lieux spécifiés. La violation d'une ordonnance de non-communication peut entraîner des conséquences juridiques pour l'agresseur, notamment son arrestation et ses poursuites. Le processus d'obtention d'une ordonnance de ne pas faire implique généralement de déposer une requête auprès du tribunal et de fournir des preuves d'abus ou de menaces. Les victimes peuvent devoir comparaître devant le tribunal pour témoigner de leurs expériences.

Lois sur la violence domestique

De nombreuses juridictions disposent de lois spécifiques traitant de la violence domestique, qui peuvent inclure la violence émotionnelle et psychologique en plus de la violence physique. Ces lois prévoient souvent des sanctions renforcées pour les agresseurs et des protections supplémentaires pour les victimes. Les lois sur la violence domestique peuvent également inclure des dispositions concernant des refuges d'urgence, des conseils et d'autres services de soutien pour les victimes.

Lois sur le harcèlement

Le harcèlement est une forme de harcèlement qui peut inclure un suivi persistant, une surveillance ou une communication non désirée. Les lois sur le harcèlement criminel prévoient des recours légaux pour les victimes, tels que des ordonnances de non-communication et des poursuites pénales contre le harceleur. Prouver le harcèlement peut être difficile, mais documenter les incidents et conserver des enregistrements des communications peut être crucial pour monter un dossier.

Protections du droit de la famille

Dans les cas où l'agresseur est un conjoint ou un partenaire, le droit de la famille peut offrir des protections supplémentaires. Cela peut inclure des dispositions relatives au divorce, à la garde des enfants et à la pension alimentaire. Les tribunaux peuvent délivrer des ordonnances temporaires pour protéger les victimes et leurs enfants pendant les procédures de divorce ou de garde, garantissant ainsi leur sécurité et leur bien-être.

Protections sur le lieu de travail

Certaines juridictions ont des lois protégeant les victimes de violence domestique contre la discrimination sur le lieu de travail. Ces lois peuvent prévoir des congés de travail pour assister à des audiences judiciaires, rechercher un traitement médical ou accéder à des services de conseil sans craindre de perdre leur emploi. Les employeurs peuvent également être tenus de fournir des aménagements raisonnables pour assurer la sécurité des victimes au travail.

Étapes à suivre en cas de problèmes juridiques

Faire face à des problèmes juridiques peut être intimidant, en particulier pour les victimes d'abus qui peuvent déjà éprouver de la peur, de la confusion et des troubles émotionnels. Cependant, prendre des mesures proactives peut aider à naviguer dans le système juridique et à garantir les protections nécessaires.

Documenter la preuve

Il est crucial de conserver des registres détaillés des incidents de maltraitance. Cela peut inclure des dates, des heures, des lieux, des descriptions d'événements et des témoins. Les photographies de blessures, les captures d'écran de messages menaçants et les enregistrements de comportements abusifs peuvent également constituer des preuves précieuses. La documentation peut renforcer un dossier lorsque vous recherchez des protections juridiques ou portez des accusations.

Demander des conseils juridiques

Consulter un avocat spécialisé dans la violence domestique ou le droit de la famille peut fournir des conseils essentiels. Un avocat peut expliquer les droits légaux, aider à naviguer dans le processus juridique et représenter la victime devant le tribunal. De nombreuses organisations proposent des services juridiques gratuits ou à faible coût aux victimes d'abus, rendant ainsi les conseils juridiques plus accessibles.

Déposer un rapport de police

Signaler un abus aux forces de l'ordre est une étape importante dans la recherche de protections juridiques. Un rapport de police peut fournir un compte rendu officiel de l'abus et ouvrir une enquête criminelle. Les victimes doivent fournir autant de détails que possible et inclure toutes les preuves qu'elles ont recueillies. Il est essentiel d'être honnête et minutieux lorsque l'on parle avec les forces de l'ordre.

Obtenir une ordonnance restrictive

S'il existe une menace immédiate de préjudice, les victimes peuvent demander au tribunal une ordonnance de ne pas faire. Le processus consiste généralement à remplir des documents et à fournir des preuves de l'abus. Dans certains cas, les tribunaux peuvent émettre des ordonnances d'interdiction temporaires en attendant une audience complète. Il est important de suivre toutes les instructions du tribunal et d'assister à toutes les audiences requises.

Comprendre les procédures judiciaires

Naviguer dans le système judiciaire peut être complexe, mais comprendre les procédures judiciaires peut aider. Les victimes doivent se familiariser avec les étapes impliquées dans leur procédure juridique spécifique, qu'il s'agisse d'obtenir une ordonnance de ne pas faire, de demander le divorce ou de porter des accusations criminelles. Assister aux audiences du tribunal, soumettre les documents nécessaires à temps et se conformer aux ordonnances du tribunal sont tous des éléments cruciaux.

Élaborer un plan de sécurité

Les actions en justice peuvent parfois aggraver le comportement d'un agresseur, ce qui rend la planification de la sécurité essentielle. Un plan de sécurité peut inclure de rester chez des amis ou en famille, de changer les serrures, de modifier les routines et de garder les contacts d'urgence facilement disponibles. Les organisations locales de lutte contre la violence domestique peuvent souvent aider à créer un plan de sécurité complet.

Conseils pratiques pour rechercher de l'aide et du soutien

Outre les protections juridiques, un soutien pratique est essentiel pour les victimes d'abus. Diverses ressources et stratégies peuvent aider les victimes à reconstruire leur vie et à retrouver un sentiment de sécurité et d'autonomie.

Contactez les réseaux de soutien

Construire un réseau de soutien est essentiel pour une assistance émotionnelle et pratique. Cela peut inclure les amis, la famille, les collègues et les membres de la communauté qui peuvent offrir leur soutien, écouter sans jugement et fournir de l'aide en cas de besoin. Partager des expériences avec des personnes de confiance peut réduire le sentiment d'isolement et procurer un sentiment d'autonomisation.

Utiliser les services de lutte contre la violence domestique

De nombreuses communautés offrent des services spécialisés aux victimes de violence domestique, notamment des refuges, des lignes d'assistance téléphonique, des conseils et une assistance juridique. Les refuges offrent un lieu de séjour sûr et un accès à des ressources telles que de la nourriture, des vêtements et des soins médicaux. Les lignes d'assistance téléphonique peuvent offrir une assistance immédiate et mettre les victimes en contact avec les services locaux. Les services de conseil peuvent aider les victimes à traiter leurs expériences et à développer des stratégies d'adaptation.

Rechercher une thérapie ou des conseils

La thérapie peut être un outil puissant de guérison et de rétablissement. Un thérapeute agréé spécialisé dans les traumatismes ou la violence domestique peut aider les victimes à comprendre leurs expériences, à développer des mécanismes d'adaptation sains et à reconstruire leur estime de soi. Les groupes de soutien peuvent également être bénéfiques, en offrant un espace pour se connecter avec d'autres personnes qui ont vécu des expériences similaires et partager des stratégies de rétablissement.

Accéder aux ressources financières

La dépendance financière à l'égard d'un agresseur peut constituer un obstacle important à la fin d'une relation abusive. L'exploration des ressources financières et du soutien peut aider à atténuer ce défi. Cela peut inclure la candidature à des programmes d'aide publique, la recherche d'un emploi ou l'accès à des fonds d'urgence auprès d'organisations locales. Certaines juridictions offrent une aide financière aux victimes de violence domestique pour les aider à couvrir des dépenses telles que le logement, le transport et les soins médicaux.

Instruisez-vous

La connaissance donne du pouvoir. Se renseigner sur la dynamique des abus, les droits légaux et les ressources disponibles peut donner un sentiment de contrôle et d'orientation. De nombreuses organisations proposent du matériel pédagogique, des ateliers et des ressources en ligne pour aider les victimes à comprendre leur situation et à explorer leurs options.

Donner la priorité aux soins personnels

Prendre soin de soi est essentiel pour la récupération et le bien-être. Cela peut inclure des activités qui favorisent la santé physique, comme l'exercice, la nutrition et le sommeil, ainsi que des pratiques qui soutiennent la santé mentale et émotionnelle, comme la pleine conscience, la méditation et les loisirs. Donner la priorité aux soins personnels contribue à renforcer la résilience et constitue une base pour aller de l'avant.

Créer un plan de support personnel

Un plan de soutien personnel implique d'identifier les besoins et les ressources, de fixer des objectifs et de prendre des mesures pour les atteindre. Ce plan peut inclure des besoins immédiats, comme trouver un logement sûr, ainsi que des objectifs à long terme, comme poursuivre des études ou des opportunités de carrière. L'examen et la mise à jour réguliers du plan peuvent aider à suivre les progrès et à s'adapter aux circonstances changeantes.

Engagez-vous auprès des organisations de défense

Les organisations de défense jouent un rôle crucial dans le soutien aux victimes d'abus. Ces organisations s'efforcent de sensibiliser, d'influencer les politiques et de fournir des services directs aux victimes. S'engager auprès d'organisations de défense peut offrir un soutien supplémentaire et des opportunités de contribuer à des efforts plus larges de lutte contre les abus.

Rechercher de l'aide et agir face à la manipulation et aux abus nécessitent du courage, de la détermination et un accès aux bonnes ressources. Comprendre les protections et les options juridiques, prendre des mesures proactives face aux problèmes juridiques et rechercher un soutien pratique sont essentiels pour que les victimes puissent se protéger et entamer le voyage vers la guérison et l'autonomisation. En créant un réseau de soutien, en utilisant les services disponibles et en donnant la priorité aux soins personnels, les victimes peuvent reprendre leur vie en main et établir un avenir sans abus.

Chapitre 11

Guérison des relations manipulatrices : rétablissement et soins personnels

Le cheminement vers la guérison des relations manipulatrices est profondément personnel, stimulant et transformateur. Cela nécessite de soigner les blessures émotionnelles laissées par la manipulation et les abus, de cultiver des pratiques de soins personnels et de construire un réseau de soutien qui favorise le rétablissement et la croissance. Il examine les stratégies de guérison émotionnelle, souligne l'importance des pratiques de soins personnels et de santé mentale, et souligne la nécessité d'un réseau de soutien solide et d'une aide professionnelle.

Stratégies de guérison et de rétablissement émotionnels

La guérison émotionnelle des relations manipulatrices implique de reconnaître et de traiter le traumatisme infligé par l'agresseur. Cela demande de la patience, de l'auto-compassion et un engagement à retrouver son estime de soi et son identité.

Reconnaître la douleur

La première étape de la guérison consiste à reconnaître la douleur et le traumatisme causés par la relation manipulatrice. Cela implique de valider ses expériences et ses émotions, en reconnaissant que l'abus était réel et qu'il a eu un impact profond. Supprimer ou nier la douleur ne fait que prolonger le processus de guérison. En acceptant et en faisant face aux blessures émotionnelles, les victimes peuvent commencer à traiter et à surmonter leur traumatisme.

Comprendre la dynamique de la manipulation

Comprendre les tactiques et la dynamique de la manipulation peut apporter de la clarté et aider les victimes à donner un sens à leurs expériences. Cette connaissance permet aux individus de reconnaître les schémas de manipulation et d'éviter de tomber dans des pièges similaires à l'avenir. L'éducation sur la violence psychologique, le gaslighting et le contrôle peut également aider les victimes à comprendre que la violence n'était pas de leur faute et qu'elles étaient la cible d'un manipulateur.

Journalisation et écriture expressive

Écrire sur ses expériences et ses émotions peut être un puissant outil de guérison. La tenue d'un journal offre un espace sûr pour exprimer ses sentiments, réfléchir aux événements passés et suivre les progrès au fil du temps. L'écriture expressive permet aux victimes d'exprimer leurs pensées et leurs émotions, les aidant ainsi à se libérer des sentiments refoulés et à mieux comprendre leurs expériences. Ce processus peut être cathartique et contribuer au rétablissement émotionnel.

Pratiquer l'auto-compassion

L'auto-compassion implique de se traiter avec la même gentillesse et la même compréhension que l'on offrirait à un ami. Cela signifie reconnaître sa souffrance, reconnaître qu'elle fait partie de l'expérience humaine et réagir avec attention plutôt qu'autocritique. L'auto-compassion peut aider à contrecarrer les croyances négatives et la faible estime de soi souvent inculquées par des relations manipulatrices.

Recadrer les pensées négatives

Les relations manipulatrices peuvent laisser les victimes avec des schémas de pensée déformés et des croyances négatives à leur sujet. Le recadrage cognitif consiste à remettre en question ces pensées négatives et à les remplacer par des pensées plus équilibrées et positives. Ce processus peut aider à faire évoluer le récit interne d'un discours de culpabilité et de doute vers un récit d'autonomisation et d'estime de soi.

S'engager dans des activités créatives

Les activités créatives telles que l'art, la musique et la danse peuvent fournir un moyen d'expression émotionnelle et de guérison. S'engager dans des activités créatives permet aux individus de traiter leurs émotions de manière non verbale et peut apporter un sentiment de joie et d'épanouissement. La créativité peut également servir de forme de découverte de soi, aidant les individus à renouer avec leurs passions et leurs intérêts.

Développer de nouveaux intérêts et objectifs

Se fixer de nouveaux objectifs personnels et poursuivre des intérêts qui ont été négligés au cours de la relation manipulatrice peut constituer un élément important du rétablissement. Cela peut impliquer de se lancer dans de nouveaux passe-temps, d'acquérir de nouvelles compétences ou de poursuivre des aspirations éducatives ou professionnelles. S'engager dans des activités qui apportent un sentiment d'accomplissement et de but peut renforcer l'estime de soi et favoriser le sentiment d'action.

Importance des pratiques de soins personnels et de santé mentale

Les pratiques de soins personnels et de santé mentale sont cruciales pour guérir des relations manipulatrices. Ils constituent la base de la stabilité émotionnelle, de la résilience et du bien-être général.

Établir des routines saines

Créer et maintenir des routines quotidiennes saines peut apporter structure et stabilité, essentielles au rétablissement émotionnel. Cela comprend des habitudes de sommeil régulières, une alimentation équilibrée et une activité physique. Des routines cohérentes aident à réguler l'horloge interne du corps et favorisent un sentiment de normalité et de contrôle.

Pratiquer la pleine conscience et la méditation

Les pratiques de pleine conscience et de méditation peuvent aider les individus à rester présents et à gérer le stress et l'anxiété. La pleine conscience consiste à prêter attention au moment présent sans jugement, tandis que la méditation peut aider à calmer l'esprit et à réduire la réactivité émotionnelle. Ces pratiques peuvent améliorer la conscience de soi et fournir des outils pour faire face aux émotions difficiles.

S'engager dans l'exercice physique

L'exercice physique présente de nombreux avantages pour la santé mentale. Il peut réduire les symptômes de dépression et d'anxiété, améliorer l'humeur et augmenter les niveaux d'énergie. L'exercice libère également des endorphines, qui améliorent naturellement l'humeur. Trouver une forme d'activité physique agréable, qu'il s'agisse de marche, de yoga, de danse ou de natation, peut faciliter son intégration dans la vie quotidienne.

Donner la priorité au sommeil

Un sommeil de qualité est essentiel à la santé émotionnelle et physique. Les relations manipulatrices peuvent souvent perturber les habitudes de sommeil en raison du stress et de l'anxiété. Établir une routine de sommeil régulière, créer un environnement de sommeil réparateur et pratiquer une bonne hygiène du sommeil peut améliorer la qualité du sommeil et contribuer au bien-être général.

Rechercher un soutien thérapeutique

La thérapie professionnelle peut être d'une valeur inestimable dans le processus de guérison. Les thérapeutes spécialisés dans les traumatismes et les abus peuvent offrir aux victimes un espace sûr pour explorer leurs expériences, développer des stratégies d'adaptation et surmonter la douleur émotionnelle. Différentes approches thérapeutiques, telles que la thérapie cognitivo-comportementale (TCC), la désensibilisation et le retraitement des mouvements oculaires (EMDR) et la thérapie centrée sur les traumatismes, peuvent aborder divers aspects du rétablissement.

Se connecter avec la nature

Passer du temps dans la nature peut avoir un effet calmant et réparateur sur l'esprit et le corps. Des activités telles que marcher dans le parc, faire de la randonnée ou simplement s'asseoir à l'extérieur peuvent réduire le stress, améliorer l'humeur et améliorer la santé mentale globale. La nature offre un environnement paisible qui peut favoriser la réflexion et la guérison.

S'engager dans des activités sociales positives

Les interactions et activités sociales positives peuvent améliorer l'humeur et procurer un sentiment d'appartenance et de soutien. Cela peut impliquer de rejoindre des clubs, de participer à des activités de groupe ou d'assister à des événements sociaux. S'engager avec les autres dans un contexte positif et solidaire peut aider à contrecarrer les sentiments d'isolement et de solitude.

Construire un réseau de soutien et rechercher de l'aide professionnelle

Un solide réseau de soutien et l'accès à une aide professionnelle sont des éléments essentiels pour guérir des relations manipulatrices. Ils fournissent un soutien émotionnel, une assistance pratique et une validation, aidant ainsi les victimes à se sentir moins seules et plus autonomes.

Identifier les personnes qui vous soutiennent

Construire un réseau de soutien commence par identifier des personnes dignes de confiance, empathiques et solidaires. Cela peut inclure des amis, des membres de la famille, des collègues ou des membres de groupes communautaires. Il est important de tendre la main à ceux qui offrent un soutien et une compréhension véritables et qui respectent les limites et la confidentialité.

Rejoindre des groupes de soutien

Les groupes de soutien pour les survivants d'abus offrent un espace sûr pour partager des expériences, recevoir une validation et se connecter avec d'autres personnes qui ont vécu des situations similaires. Ces groupes peuvent offrir un sentiment de communauté et de compréhension qu'il est souvent difficile de trouver ailleurs. Les groupes de soutien peuvent également fournir des conseils pratiques et des ressources pour naviguer dans le processus de guérison.

Accéder aux ressources communautaires

De nombreuses communautés offrent des ressources aux victimes d'abus, telles que des lignes d'assistance téléphonique en cas de crise, des refuges, des services de conseil et une assistance juridique. Ces ressources peuvent fournir un soutien et une assistance immédiats en cas de besoin. Les victimes ne devraient pas hésiter à recourir à ces services, car ils sont conçus pour aider les individus dans leur cheminement vers le rétablissement.

À la recherche d'une thérapie professionnelle

La thérapie professionnelle est un élément crucial de la guérison pour de nombreuses victimes. Les thérapeutes peuvent aider les individus à gérer leur traumatisme, à développer des stratégies d'adaptation et à reconstruire leur estime de soi. Différentes approches thérapeutiques peuvent aborder divers aspects du rétablissement, et il peut être nécessaire d'essayer différentes méthodes pour trouver celle qui fonctionne le mieux.

S'engager dans le soutien par les pairs

Le soutien par les pairs implique de se connecter avec d'autres personnes qui ont vécu des défis similaires et qui peuvent offrir de l'empathie, de la compréhension et des conseils pratiques. Cela peut inclure un soutien individuel par les pairs ou la participation à des forums et des groupes de discussion en ligne. Le soutien par les pairs peut procurer un sentiment de solidarité et réduire le sentiment d'isolement.

Établir des limites

Établir et maintenir des limites est essentiel au bien-être émotionnel. Cela implique de fixer des limites avec les autres, de protéger l'espace et le temps personnels et de garantir que les relations sont respectueuses et solidaires. Les limites contribuent à créer un sentiment de sécurité et d'autonomie, essentiel au rétablissement.

Élaborer un plan de sécurité

Pour ceux qui sont encore en contact avec leur agresseur ou qui craignent de nouvelles manipulations, il est important d'élaborer un plan de sécurité. Cela peut inclure l'identification d'endroits sûrs où aller, la disponibilité de contacts d'urgence et la création d'un plan pour sortir en toute sécurité des situations dangereuses. Un plan de sécurité peut procurer un sentiment de sécurité et de préparation.

Éduquer ses proches

Éduquer les amis et la famille sur la dynamique des relations manipulatrices et sur le processus de guérison peut favoriser la compréhension et le soutien. Les proches informés des défis et des besoins de la victime peuvent offrir un soutien plus efficace et plus empathique. Fournir du matériel et des ressources pédagogiques peut les aider à comprendre les complexités du rétablissement.

La guérison des relations manipulatrices est un processus à multiples facettes qui implique la guérison émotionnelle, les soins personnels et la construction d'un réseau de soutien. En employant des stratégies de rétablissement émotionnel, en donnant la priorité aux soins personnels et aux pratiques de santé mentale et en recherchant le soutien de personnes et de professionnels de confiance, les victimes peuvent reprendre leur vie en main et évoluer vers un avenir d'autonomisation et de bien-être. Le chemin vers la guérison n'est pas linéaire et nécessite de la patience, de la résilience et de l'auto-compassion. Cependant, avec les outils et le soutien appropriés, il est possible de guérir, de grandir et de prospérer au-delà de l'ombre de la manipulation et des abus.

Chapitre 12

Approches pédagogiques : en apprendre davantage sur la manipulation et les abus

Comprendre et lutter contre la manipulation et les abus nécessite des approches éducatives globales. Les ateliers, les cours et les ressources pédagogiques sont essentiels pour doter les individus des connaissances et des compétences nécessaires pour reconnaître et réagir à la manipulation. Les programmes de formation, les conférenciers invités et les experts en psychologie et en dynamique relationnelle jouent un rôle crucial en favorisant la sensibilisation et en fournissant des outils pratiques de prévention et d'intervention.

Ateliers, cours et ressources pédagogiques sur la manipulation

L'éducation est un outil puissant dans la lutte contre la manipulation et les abus. Les ateliers et les cours conçus pour aborder ces questions offrent des expériences d'apprentissage structurées qui peuvent avoir un impact significatif sur les individus et les communautés.

Ateliers sur la violence émotionnelle et psychologique : les ateliers axés sur la violence émotionnelle et psychologique offrent aux participants un espace sûr pour en apprendre davantage sur les différentes formes de manipulation, notamment le gaslighting, les tactiques de contrôle et la coercition émotionnelle. Ces ateliers comprennent souvent des activités interactives, des discussions et des études de cas qui aident les participants à comprendre les signes subtils et manifestes de manipulation. En participant à ces activités, les participants peuvent mieux identifier les comportements abusifs et apprendre des stratégies efficaces pour y répondre.

Cours sur les relations saines

Des cours éducatifs sur les relations saines sont essentiels pour favoriser la sensibilisation et la prévention. Ces cours couvrent des sujets tels que les compétences en communication, la résolution des conflits et l'établissement de limites. En enseignant aux individus ce qui constitue une relation saine, ces cours les aident à reconnaître les dynamiques malsaines et à comprendre l'importance du respect mutuel et de l'égalité dans les relations. Les participants apprennent à identifier les signaux d'alarme et développent des compétences pour maintenir des interactions saines.

Ressources pédagogiques en ligne

Internet offre une multitude de ressources pédagogiques sur la manipulation et les abus. Les cours en ligne, les webinaires et les livres électroniques offrent des options d'apprentissage accessibles et flexibles aux personnes cherchant à se renseigner sur ces questions. Les sites Web dédiés à la prévention des abus et au soutien proposent souvent des guides complets, des fiches d'information et des outils d'auto-évaluation qui aident les individus à comprendre leurs expériences et à trouver les ressources appropriées. Les forums en ligne et les groupes de soutien constituent également une plateforme permettant de partager des expériences et d'obtenir l'avis d'autres personnes confrontées à des défis similaires.

Modules d'apprentissage en ligne interactifs

Les modules d'apprentissage en ligne sont conçus pour impliquer les apprenants à travers du contenu interactif, notamment des vidéos, des quiz et des simulations. Ces modules peuvent être particulièrement efficaces pour enseigner aux individus comment reconnaître la manipulation et réagir de manière appropriée. En simulant des scénarios réels, les modules d'apprentissage en ligne offrent une expérience pratique dans un environnement contrôlé, permettant aux participants de mettre en pratique leurs réponses et de renforcer leur confiance dans leur capacité à gérer des situations manipulatrices.

Programmes de formation pour reconnaître et réagir à la manipulation

Les programmes de formation sont essentiels pour permettre aux individus de reconnaître et de réagir efficacement à la manipulation. Ces programmes peuvent être adaptés à divers publics, notamment les professionnels, les dirigeants communautaires et le grand public.

Formation professionnelle pour thérapeutes et conseillers

Les thérapeutes et les conseillers jouent un rôle essentiel dans le soutien aux victimes de manipulation et d'abus. Les programmes de formation spécialisés destinés à ces professionnels se concentrent sur la dynamique de la maltraitance, l'impact psychologique sur les victimes et les interventions thérapeutiques efficaces. La formation couvre les techniques d'évaluation, les soins tenant compte des traumatismes et les stratégies pour aider les clients à reconstruire leur estime de soi et leur résilience. En dotant les thérapeutes et les conseillers des connaissances et des compétences nécessaires, ces programmes garantissent que les victimes reçoivent un soutien éclairé et compatissant.

Formation pour les éducateurs et le personnel scolaire

Les écoles sont des lieux importants pour l'intervention précoce et la prévention. Les programmes de formation destinés aux éducateurs et au personnel scolaire visent à créer un environnement sûr et favorable pour les élèves. Ces programmes sensibilisent le personnel scolaire aux signes de manipulation et d'abus, notamment l'intimidation et la cyberintimidation. Ils proposent également des stratégies pour résoudre ces problèmes, soutenir les étudiants concernés et promouvoir une culture de respect et d'inclusion. En sensibilisant les éducateurs, ces programmes contribuent à protéger les élèves des comportements manipulateurs et à créer les bases de relations saines.

Programmes de formation en entreprise

Les lieux de travail peuvent également être des environnements propices à la manipulation et aux abus. Les programmes de formation en entreprise se concentrent sur la création d'une culture de travail respectueuse et sûre. Ces programmes sensibilisent les employés et les gestionnaires à reconnaître et à combattre les comportements manipulateurs, tels que le harcèlement, l'intimidation et les déséquilibres de pouvoir. La formation comprend des compétences en communication, des techniques de résolution de conflits et des politiques de signalement et de lutte contre les abus. En favorisant un milieu de travail positif et respectueux, ces programmes contribuent à prévenir la manipulation et à soutenir les employés susceptibles d'être victimes d'abus.

Initiatives de formation communautaire

Les organisations communautaires jouent un rôle essentiel en soutenant les victimes et en sensibilisant à la manipulation et aux abus. Les initiatives de formation communautaire comprennent des ateliers, des séminaires et des campagnes de sensibilisation du public conçus pour éduquer les membres de la communauté sur ces questions. La formation couvre les signes d'abus, les ressources disponibles et les moyens de soutenir les victimes. En impliquant les membres de la communauté, ces initiatives créent un réseau de personnes informées et proactives qui peuvent contribuer aux efforts de prévention et de soutien.

Formation des forces de l'ordre

Les agents chargés de l'application des lois sont souvent les premiers intervenants dans les situations de manipulation et d'abus. Les programmes de formation destinés aux forces de l'ordre se concentrent sur la reconnaissance des signes de violence émotionnelle et psychologique, la compréhension de la dynamique de la manipulation et la réponse avec sensibilité et professionnalisme. La formation comprend des techniques pour interroger les victimes, recueillir des preuves et fournir des références vers des services de soutien. En dotant les forces de l'ordre des connaissances et des compétences nécessaires pour traiter ces cas efficacement, ces programmes améliorent la protection et le soutien offerts aux victimes.

Conférenciers invités et experts dans le domaine de la psychologie et de la dynamique relationnelle

Des conférenciers invités et des experts en psychologie et en dynamique relationnelle apportent des connaissances et une expertise précieuses aux efforts éducatifs. Leurs contributions peuvent améliorer la compréhension, fournir une source d'inspiration et offrir des conseils pratiques.

Psychologues et thérapeutes

Les psychologues et les thérapeutes experts en traumatismes, manipulations et abus fournissent des connaissances approfondies sur l'impact psychologique de ces expériences. Ils peuvent offrir un aperçu des processus émotionnels et cognitifs impliqués dans la manipulation, aidant ainsi les participants à comprendre comment les agresseurs exploitent les vulnérabilités. Ces experts peuvent également partager des approches thérapeutiques et des techniques pour accompagner les victimes dans leur cheminement de guérison. Leurs présentations comprennent souvent des études de cas, des résultats de recherche et des conseils pratiques pour les victimes et ceux qui les soutiennent.

Survivants et défenseurs

Les témoignages de survivants de manipulations et d'abus peuvent avoir un impact profond. Des conférenciers survivants partagent leurs histoires personnelles, soulignant les réalités de la maltraitance et les défis du rétablissement. Leurs expériences apportent une validation et de l'espoir à d'autres personnes qui vivent des situations similaires. Les conférenciers survivants deviennent souvent des défenseurs, travaillant à sensibiliser et à promouvoir le changement. Leurs présentations peuvent inspirer l'action et souligner l'importance du soutien et de l'intervention.

Experts juridiques

Les experts juridiques fournissent des informations cruciales sur les protections juridiques dont disposent les victimes de manipulation et d'abus. Ils peuvent expliquer le processus pour obtenir des ordonnances de ne pas faire, porter plainte et naviguer dans le système juridique. Les experts juridiques discutent également des droits des victimes et des responsabilités des systèmes répressifs et judiciaires. En informant les participants sur les options et procédures juridiques, ces experts permettent aux victimes d'agir et de demander justice.

Spécialistes des relations et de la communication

Les spécialistes de la dynamique relationnelle et de la communication fournissent des outils pratiques pour construire des relations saines et lutter contre la manipulation. Ils enseignent des compétences telles que l'affirmation de soi, l'établissement de limites et la résolution de conflits. Ces experts discutent également de l'importance du respect mutuel, de la confiance et d'une communication efficace dans les relations. Leurs présentations proposent des stratégies concrètes pour améliorer la dynamique relationnelle et prévenir la manipulation.

Chercheurs et universitaires

Les chercheurs et les universitaires apportent des informations précieuses issues de leurs études sur la manipulation, les abus et les traumatismes. Ils partagent des résultats de recherche, des théories et des pratiques fondées sur des preuves qui éclairent les efforts de prévention et d'intervention. Les présentations académiques peuvent fournir un contexte plus large pour comprendre la manipulation et les abus, en mettant en évidence les tendances, les facteurs de risque et les interventions efficaces. En comblant le fossé entre la recherche et la pratique, ces experts améliorent l'efficacité des efforts pédagogiques.

Les approches éducatives pour en apprendre davantage sur la manipulation et les abus sont essentielles à la prévention, à l'intervention et au soutien. Les ateliers, les cours et les ressources pédagogiques offrent des expériences d'apprentissage structurées qui confèrent aux individus des connaissances et des compétences. Les programmes de formation permettent aux professionnels, aux éducateurs et aux membres de la communauté de reconnaître et de réagir efficacement à la manipulation. Des conférenciers invités et des experts en psychologie et en dynamique relationnelle offrent des informations, une inspiration et des conseils pratiques précieux. En favorisant la sensibilisation et en fournissant des outils pratiques, ces approches éducatives contribuent à une société plus sûre, plus informée et plus solidaire, permettant aux individus de reconnaître, d'aborder et de se remettre de la manipulation et des abus.

Chapitre 13

Soutien social et communautaire : trouver des réseaux de compréhension

Guérir de la manipulation et des abus est un voyage qui nécessite souvent plus que de la résilience personnelle ; cela nécessite un réseau de compréhension et de soutien. Les systèmes de soutien social et communautaire, notamment les forums en ligne, les ressources locales et les conseils par les pairs, jouent un rôle crucial dans ce processus de rétablissement. Ces réseaux fournissent aux victimes une validation, des conseils et un accompagnement, les aidant à naviguer dans les complexités de la guérison. Il explore les différentes voies de soutien social et communautaire, soulignant leur importance et leur efficacité pour aider les survivants.

Forums en ligne et groupes de soutien pour les victimes de manipulation

Dans un monde de plus en plus numérique, les forums en ligne et les groupes de soutien sont devenus des ressources vitales pour les victimes de manipulation et d'abus. Ces plateformes offrent anonymat, accessibilité et sentiment de communauté, ce qui les rend inestimables pour ceux qui recherchent compréhension et soutien.

Anonymat et sécurité

L'un des principaux avantages des forums en ligne est l'anonymat qu'ils offrent. Les victimes peuvent partager leurs expériences et demander conseil sans révéler leur identité, ce qui peut être particulièrement important pour celles qui craignent des représailles ou un jugement. Cet anonymat permet des discussions franches et permet aux victimes d'exprimer librement leurs émotions et leurs préoccupations, favorisant ainsi un sentiment de sécurité et de confiance au sein de la communauté.

Accessibilité 24h/24 et 7j/7

Les groupes de soutien en ligne sont accessibles à tout moment, fournissant une assistance immédiate à ceux qui en ont besoin. Cette disponibilité 24 heures sur 24 est cruciale, car les crises et les détresses émotionnelles peuvent survenir à toute heure. Les participants peuvent publier leurs réflexions et recevoir des réponses d'autres personnes qui comprennent leurs expériences, leur offrant réconfort et conseils en temps opportun.

Communauté globale

Internet connecte des personnes du monde entier, créant un réseau de soutien diversifié et inclusif. Les victimes peuvent interagir avec des individus issus d'horizons, de cultures et d'expériences différents, élargissant leurs perspectives et trouvant une solidarité dans des expériences partagées. Cette communauté mondiale renforce l'idée qu'ils ne sont pas seuls dans leurs luttes et que la manipulation et les abus sont des problèmes largement répandus.

Ressources pédagogiques

De nombreux forums en ligne et groupes de soutien proposent des ressources pédagogiques sur la manipulation et les abus. Ces ressources comprennent des articles, des vidéos et des guides qui aident les victimes à comprendre la dynamique de la maltraitance, à reconnaître les signaux d'alarme et à apprendre des stratégies d'adaptation. L'accès à ces informations permet aux victimes de prendre des décisions éclairées et de prendre des mesures proactives vers la guérison.

Modération et contribution professionnelle

Les groupes de soutien en ligne réputés disposent souvent de modérateurs et de professionnels qui veillent à ce que les discussions restent solidaires et respectueuses. Les modérateurs peuvent intervenir dans les conflits, fournir des ressources supplémentaires et offrir des perspectives professionnelles. Cet environnement structuré améliore la qualité du soutien et garantit que les victimes reçoivent des informations précises et utiles.

Ressources communautaires locales pour les survivants d'abus

Les ressources communautaires locales offrent un soutien essentiel aux survivants d'abus, en leur fournissant une assistance pratique, un soutien émotionnel et un sentiment d'appartenance. Ces ressources sont souvent adaptées aux besoins spécifiques de la communauté, garantissant ainsi que les survivants ont accès à une aide pertinente et efficace.

Refuges et refuges

Les refuges et les refuges offrent un refuge immédiat à ceux qui fuient des situations de violence. Ces installations offrent un environnement sécurisé où les survivants peuvent séjourner temporairement pendant qu'ils travaillent à reconstruire leur vie. En plus de fournir des produits de première nécessité tels que de la nourriture et un abri, ces établissements offrent souvent des services de conseil, d'assistance juridique et de placement professionnel pour aider les survivants à faire la transition vers une vie indépendante.

Services de conseil et de soutien

Les centres communautaires locaux offrent fréquemment des services de conseil et de soutien aux survivants d'abus. Ces services peuvent inclure une thérapie individuelle, une thérapie de groupe et des conseils en cas de crise. Des professionnels formés aident les survivants à gérer leur traumatisme, à développer des stratégies d'adaptation et à œuvrer à leur rétablissement émotionnel. Les centres communautaires fournissent également des références vers des services spécialisés, garantissant ainsi que les survivants reçoivent des soins complets.

Assistance légale

Naviguer dans le système judiciaire peut être intimidant pour les survivants d'abus. Les ressources locales comprennent souvent des programmes d'assistance juridique qui aident les survivants à comprendre leurs droits, à déposer des ordonnances de non-communication et à engager des poursuites judiciaires contre leurs agresseurs. Les avocats peuvent accompagner les survivants au tribunal, leur fournir des conseils sur les procédures juridiques et veiller à ce que leurs voix soient entendues dans les affaires juridiques.

Groupes de soutien

Les groupes de soutien en personne offrent aux survivants un espace pour partager leurs expériences, recevoir une validation et se connecter avec d'autres personnes qui ont été confrontées à des défis similaires. Ces groupes sont généralement dirigés par des animateurs qualifiés qui guident les discussions et offrent un environnement sûr et favorable. Les groupes de soutien favorisent un sentiment de communauté et aident les survivants à établir des relations avec d'autres personnes qui comprennent leurs luttes.

Ateliers et séminaires éducatifs

De nombreuses organisations locales organisent des ateliers et des séminaires sur des sujets liés à la maltraitance et au rétablissement. Ces événements éducatifs couvrent une gamme de sujets, notamment la reconnaissance des signes de maltraitance, l'établissement de relations saines et le développement de pratiques de soins personnels. Les ateliers et séminaires fournissent des informations précieuses et des compétences pratiques qui permettent aux survivants de prendre le contrôle de leur vie et de prendre des décisions éclairées.

Hotlines et intervention en cas de crise

Les lignes d'assistance téléphonique en cas de crise fournissent un soutien immédiat aux survivants en détresse. Ces lignes d'assistance téléphonique sont composées de professionnels qualifiés qui offrent un soutien émotionnel, une planification de la sécurité et des références vers des ressources locales. Les services d'intervention de crise peuvent également inclure des équipes de crise mobiles qui répondent aux situations d'urgence et fournissent un soutien et une évaluation sur place.

Options de conseil par les pairs et de thérapie de groupe pour la guérison et le rétablissement

Le conseil par les pairs et la thérapie de groupe sont des outils puissants de guérison et de rétablissement, offrant aux survivants une plateforme pour partager leurs expériences, acquérir des connaissances et développer des stratégies d'adaptation dans un environnement favorable.

Conseil par les pairs

Le conseil par les pairs implique des personnes qui ont vécu des difficultés similaires et qui se soutiennent et se conseillent mutuellement. Les pairs conseillers sont souvent eux-mêmes des survivants de maltraitance, ce qui les rend particulièrement qualifiés pour comprendre et sympathiser avec les luttes des autres. Cette forme de soutien favorise un sentiment de camaraderie et de compréhension mutuelle, aidant ainsi les survivants à se sentir moins isolés et plus connectés.

Formation pour les pairs conseillers

Les programmes efficaces de conseil par les pairs comprennent une formation pour les pairs conseillers afin de garantir qu'ils fournissent un soutien approprié et utile. La formation couvre l'écoute active, l'empathie, la confidentialité et les techniques d'intervention en cas de crise. Les pairs conseillers apprennent à créer un environnement sûr et favorable, à reconnaître les signes de détresse et à orienter vers des services professionnels si nécessaire.

Avantages du conseil par les pairs

Le conseil par les pairs offre plusieurs avantages, notamment la relativité, la validation et l'autonomisation. Les survivants trouvent souvent plus facile de s'ouvrir à quelqu'un qui a vécu des expériences similaires, ce qui conduit à des conversations plus honnêtes et significatives. Le conseil par les pairs procure également un sentiment d'autonomisation, car les survivants peuvent voir que d'autres ont réussi à surmonter des défis similaires et à se rétablir.

Thérapie de groupe

La thérapie de groupe implique un thérapeute ou un conseiller dirigeant un groupe de personnes partageant des expériences similaires. Cet environnement structuré offre un espace sûr permettant aux participants de discuter de leurs sentiments, de partager des stratégies d'adaptation et de recevoir des commentaires du thérapeute et des autres membres du groupe. La thérapie de groupe peut aborder une série de problèmes, notamment les traumatismes, l'anxiété et la dépression, qui sont tous courants chez les survivants d'abus.

Guérir grâce à des expériences partagées

La thérapie de groupe permet aux participants d'entendre différents points de vue et d'apprendre des expériences des autres. Cette compréhension partagée favorise un sentiment de communauté et aide les participants à réaliser qu'ils ne sont pas seuls dans leurs luttes. Les membres du groupe peuvent offrir soutien, encouragement et conseils pratiques, créant ainsi un réseau de soins et de compréhension.

Établir la confiance et la connexion

La confiance est un élément crucial de la guérison, et la thérapie de groupe offre un espace où les survivants peuvent établir un climat de confiance avec les autres. En partageant leurs histoires et en se soutenant mutuellement, les membres du groupe développent des liens solides qui contribuent à leur rétablissement émotionnel. Ces relations peuvent s'étendre au-delà des séances de thérapie, offrant un soutien et une amitié continus.

Programmes de thérapie de groupe sur mesure

Les programmes de thérapie de groupe peuvent être adaptés pour répondre à des besoins et à des problèmes spécifiques. Par exemple, certains groupes peuvent se concentrer sur la guérison d'un traumatisme, tandis que d'autres peuvent s'intéresser à la dynamique relationnelle ou à l'estime de soi. Des programmes sur mesure garantissent que les participants reçoivent un soutien pertinent et ciblé qui répond à leurs expériences et défis uniques.

Combiner thérapie de groupe et thérapie individuelle

De nombreux survivants trouvent que la combinaison d'une thérapie de groupe et d'une thérapie individuelle offre une approche globale de la guérison. La thérapie individuelle offre un soutien personnalisé et se concentre sur des problèmes spécifiques, tandis que la thérapie de groupe offre les avantages du partage d'expériences et du soutien communautaire. Ensemble, ces approches thérapeutiques peuvent améliorer l'efficacité globale du processus de guérison.

Les systèmes de soutien social et communautaire sont essentiels au rétablissement et à la guérison des survivants de manipulations et d'abus. Les forums en ligne et les groupes de soutien offrent l'anonymat, l'accessibilité et une communauté mondiale de compréhension. Les ressources communautaires locales offrent une assistance pratique, des conseils, un soutien juridique et des opportunités de formation. Le conseil par les pairs et la thérapie de groupe créent des environnements dans lesquels les survivants peuvent partager leurs expériences, acquérir des connaissances et établir des liens avec d'autres personnes qui comprennent leurs luttes. En tirant parti de ces systèmes de soutien, les survivants peuvent trouver la validation, les conseils et la compagnie dont ils ont besoin pour naviguer dans les complexités de la guérison et reprendre leur vie en main. Le chemin vers le rétablissement est renforcé par les réseaux de compréhension et de soutien qui entourent et élèvent les survivants, les aidant à surmonter les défis auxquels ils sont confrontés et à avancer vers un avenir meilleur et plus autonome.

Chapitre 14

Plaidoyer et sensibilisation : diffuser les connaissances et l'empathie

Comprendre et résoudre le problème omniprésent de la manipulation et des abus nécessite des efforts concertés de plaidoyer et de sensibilisation. Ces efforts visent à éduquer le public, à influencer la législation et à favoriser l'empathie dans les relations personnelles et professionnelles. Les campagnes et les initiatives jouent un rôle crucial dans la sensibilisation, tandis que les efforts de plaidoyer visent à adopter et à soutenir des politiques qui protègent les victimes. Promouvoir l'empathie et la compréhension est essentiel pour créer une culture où la manipulation et les abus ne sont pas tolérés. Il examine les approches multiformes nécessaires pour diffuser les connaissances et cultiver une société compatissante.

Campagnes et initiatives de sensibilisation à la manipulation et aux abus

Les campagnes de sensibilisation jouent un rôle essentiel pour sensibiliser le public à la nature souvent cachée et insidieuse de la manipulation et des abus. Ces initiatives visent à informer, impliquer et mobiliser les individus et les communautés pour reconnaître, prévenir et lutter contre les comportements abusifs.

Campagnes de sensibilisation du public

Les campagnes de sensibilisation du public sont conçues pour atteindre un large public via divers canaux médiatiques, notamment la télévision, la radio, les médias sociaux et la presse écrite. Ces campagnes comportent souvent des messages puissants, des histoires de survivants et du contenu éducatif qui mettent en évidence les signes de manipulation et d'abus. En augmentant la visibilité et la compréhension, ces campagnes contribuent à briser la stigmatisation et le silence qui entourent ces questions.

Initiatives sur les réseaux sociaux

Les plateformes de médias sociaux sont des outils puissants pour sensibiliser et impliquer un public mondial. Les campagnes hashtag, les publications d'information et les témoignages de survivants partagés sur des plateformes comme Twitter, Facebook et Instagram peuvent toucher des millions de personnes, favorisant ainsi une prise de conscience collective. Les initiatives de médias sociaux permettent également un engagement interactif, où les individus peuvent partager leurs expériences, offrir leur soutien et participer à des discussions en ligne.

Ateliers et séminaires éducatifs

Organiser des ateliers et des séminaires éducatifs dans les écoles, les lieux de travail et les centres communautaires est un autre moyen efficace de sensibilisation. Ces événements fournissent des informations détaillées sur la dynamique de la manipulation et des abus, apprenant aux participants à reconnaître les signaux d'alarme et à réagir de manière appropriée. Les ateliers et séminaires offrent également un espace de dialogue ouvert, permettant aux participants de poser des questions et de partager leurs expériences.

Initiatives menées par les survivants

Les survivants de manipulations et d'abus mènent souvent des initiatives puissantes qui apportent une perspective personnelle et percutante aux efforts de sensibilisation. En partageant leurs histoires, les survivants peuvent inspirer et éduquer les autres, en soulignant les réalités des abus et l'importance du soutien et de l'intervention. Les initiatives menées par les survivants peuvent inclure des allocutions, des témoignages écrits et la participation à des campagnes de sensibilisation.

Collaborations avec des influenceurs et des célébrités

Collaborer avec des influenceurs et des célébrités peut amplifier la portée et l'impact des campagnes de sensibilisation. Les personnalités publiques qui dénoncent la manipulation et les abus peuvent attirer l'attention sur la cause, encourageant ainsi leurs partisans à s'informer et à s'impliquer. Ces collaborations peuvent inclure des messages d'intérêt public, des publications sur les réseaux sociaux et la participation à des événements de sensibilisation.

Projets artistiques communautaires

Les projets artistiques communautaires, tels que les peintures murales, les expositions et les performances artistiques, peuvent transmettre des messages puissants sur la manipulation et les abus. Ces projets engagent la communauté dans l'expression créative, en sensibilisant à travers des supports visuels et expérientiels. Les projets artistiques peuvent également servir d'exutoire thérapeutique aux survivants, leur permettant de partager leurs expériences et de contribuer à l'effort de sensibilisation.

Efforts de plaidoyer pour soutenir la législation et les politiques protégeant les victimes

Les efforts de plaidoyer sont essentiels pour susciter un changement systémique et garantir que les victimes de manipulation et d'abus soient protégées par une législation et des politiques solides. Ces efforts impliquent de faire pression en faveur de réformes juridiques, de soutenir les protections existantes et de promouvoir des politiques qui donnent la priorité à la sécurité et au soutien des victimes.

Faire pression pour des réformes juridiques

Les groupes de défense travaillent sans relâche pour faire pression en faveur de réformes juridiques qui renforcent la protection des victimes de manipulation et d'abus. Cela implique de plaider en faveur de sanctions plus strictes pour les auteurs, d'élargir les définitions de la maltraitance pour inclure la manipulation émotionnelle et psychologique et de garantir que les lois traitent de toutes les formes de maltraitance. Les efforts de lobbying impliquent souvent de travailler avec les législateurs, de fournir des témoignages et de mobiliser le soutien du public pour influencer les changements législatifs.

Prise en charge des protections existantes

Les efforts de plaidoyer se concentrent également sur le soutien et l'application des protections juridiques existantes pour les victimes. Cela implique de veiller à ce que les ordonnances de non-communication et autres mesures de protection soient accessibles et efficacement mises en œuvre. Les groupes de défense peuvent fournir des ressources et un soutien pour aider les victimes à naviguer dans le système juridique, en garantissant qu'elles reçoivent la protection dont elles ont besoin.

Promouvoir des politiques de soutien aux victimes

Les politiques qui donnent la priorité au soutien aux victimes sont essentielles pour aider les survivants à reconstruire leur vie. Les efforts de plaidoyer visent à promouvoir des politiques fournissant des services complets, notamment des conseils, un logement, une assistance juridique et un soutien financier. Ces politiques devraient viser à répondre aux besoins multiformes des survivants, en garantissant qu'ils disposent des ressources nécessaires pour se rétablir et s'épanouir.

S'engager dans le plaidoyer à la base

Le plaidoyer à la base implique la mobilisation des membres de la communauté pour qu'ils agissent au nom des victimes de manipulation et d'abus. Cela peut inclure l'organisation de pétitions, l'organisation de rassemblements et la participation à des efforts d'éducation du public. Les mouvements populaires exploitent le pouvoir de l'action collective, attirant l'attention sur des questions cruciales et favorisant le changement à partir de la base.

Création d'une coalition

La création de coalitions avec d'autres groupes de défense, des organisations à but non lucratif et des acteurs communautaires renforce l'impact des efforts de sensibilisation. Les coalitions peuvent travailler ensemble pour partager des ressources, coordonner leurs actions et amplifier leurs voix. En s'unissant pour une cause commune, ces groupes peuvent exercer une plus grande influence sur les décisions politiques et sur l'opinion publique.

Plaidoyer auprès des médias

Utiliser les médias pour plaider en faveur d'un changement de politique est une stratégie efficace pour sensibiliser et influencer les décideurs. Les groupes de défense peuvent dialoguer avec les journalistes, rédiger des articles d'opinion et utiliser les médias sociaux pour souligner la nécessité de renforcer la protection et le soutien des victimes. Le plaidoyer médiatique contribue à placer ces questions au premier plan du discours public, augmentant ainsi la pression sur les législateurs pour qu'ils agissent.

Promouvoir l'empathie et la compréhension dans les relations personnelles et professionnelles

Favoriser l'empathie et la compréhension est essentiel pour prévenir la manipulation et les abus et promouvoir des relations saines et respectueuses. En cultivant ces qualités dans les interactions personnelles et professionnelles, les individus et les communautés peuvent créer des environnements dans lesquels les abus sont moins susceptibles de se produire et plus faciles à résoudre.

Éducation sur l'empathie

Enseigner l'empathie implique d'éduquer les individus sur l'importance de comprendre et de partager les sentiments des autres. Cela peut se faire par le biais d'ateliers, de programmes de formation et de matériel pédagogique axés sur l'intelligence émotionnelle, l'écoute active et la communication compatissante. En apprenant à faire preuve d'empathie, les individus peuvent mieux reconnaître l'impact de leurs actions sur les autres et développer des relations plus solidaires.

Modélisation du comportement empathique

Les dirigeants et les influenceurs dans des contextes personnels et professionnels peuvent modéliser un comportement empathique, établissant ainsi une norme à suivre pour les autres. Cela implique de faire preuve de respect, d'écouter activement et de répondre avec compassion et compréhension. En modélisant ces comportements, les dirigeants peuvent créer une culture d'empathie qui imprègne l'ensemble de la communauté ou de l'organisation.

Encourager une communication ouverte

Une communication ouverte est essentielle pour favoriser l'empathie et la compréhension. Créer des espaces où les individus se sentent en sécurité pour exprimer leurs pensées et leurs émotions sans crainte de jugement ou de représailles encourage des interactions honnêtes et significatives. Cette ouverture contribue à instaurer la confiance et garantit que les préoccupations et les problèmes sont abordés de manière constructive.

Formation en résolution de conflits

La formation en résolution de conflits donne aux individus les compétences nécessaires pour gérer les désaccords et les conflits de manière saine et respectueuse. Cette formation peut inclure des techniques d'écoute active, de résolution de problèmes et de recherche de solutions mutuellement avantageuses. En gérant les conflits avec empathie et compréhension, les individus peuvent éviter toute escalade et entretenir des relations positives.

Politiques et formation sur le lieu de travail

La mise en œuvre de politiques sur le lieu de travail qui favorisent le respect et l'empathie est essentielle pour prévenir la manipulation et les abus dans le cadre professionnel. Cela peut inclure des politiques anti-harcèlement, des formations sur la diversité et l'inclusion, ainsi que des programmes qui encouragent le travail d'équipe et la collaboration. La formation des employés sur ces politiques et pratiques garantit que le lieu de travail reste un environnement sûr et favorable.

Empathie dans le leadership

Les dirigeants qui privilégient l'empathie créent un environnement favorable et inclusif. Les leaders empathiques écoutent les membres de leur équipe, valorisent leur contribution et répondent à leurs besoins. Ce style de leadership favorise la loyauté, l'engagement et le sentiment d'appartenance, réduisant ainsi le risque de manipulation et d'abus.

Réseaux communautaires de soutien

Construire des réseaux communautaires de soutien implique la création de groupes et d'espaces où les individus peuvent se connecter, partager leurs expériences et se soutenir mutuellement. Ces réseaux peuvent inclure des groupes de soutien, des programmes de mentorat et des événements communautaires qui encouragent les interactions positives et le respect mutuel. En favorisant un sentiment de communauté et d'appartenance, ces réseaux aident les individus à se sentir valorisés et compris.

Les efforts de plaidoyer et de sensibilisation sont cruciaux pour lutter contre la manipulation et les abus, protéger les victimes et favoriser l'empathie et la compréhension. Les campagnes et initiatives jouent un rôle essentiel dans la sensibilisation du public, l'éducation des individus et la rupture du silence entourant les abus. Les efforts de plaidoyer entraînent des changements juridiques et politiques qui garantissent aux victimes la protection et le soutien dont elles ont besoin. La promotion de l'empathie et de la compréhension dans les relations personnelles et professionnelles crée des environnements dans lesquels la manipulation et les abus sont moins susceptibles de se produire et plus faciles à résoudre. Grâce à ces efforts combinés, nous pouvons construire une société qui reconnaît, prévient et répond à la manipulation et aux abus, en soutenant les survivants dans leur cheminement vers la guérison et en créant une culture de respect et de compassion.

Chapitre 15

Formation continue : développer des compétences pour une résilience à long terme

La formation continue joue un rôle central dans le développement de la résilience à long terme en dotant les individus des connaissances et des compétences nécessaires pour relever les défis psychologiques et entretenir des relations saines. Il explore les opportunités d'apprentissage continu en psychologie et en intelligence émotionnelle, les cours de développement professionnel pour améliorer les compétences en communication et les stratégies pour maintenir les limites et entretenir des relations saines au fil du temps.

Opportunités d'apprentissage continu en psychologie et en intelligence émotionnelle

La formation continue en psychologie et en intelligence émotionnelle fournit aux individus un aperçu du comportement humain, de la régulation émotionnelle et de la dynamique interpersonnelle. Ces opportunités aident les individus à approfondir leur compréhension d'eux-mêmes et des autres, favorisant ainsi la résilience et les mécanismes d'adaptation face à l'adversité.

Ateliers et séminaires de psychologie

Les ateliers et séminaires sur la psychologie couvrent une gamme de sujets, notamment la thérapie cognitivo-comportementale (TCC), les soins tenant compte des traumatismes et les techniques de renforcement de la résilience. Ces séances éducatives sont animées par des experts dans le domaine qui partagent des pratiques fondées sur des données probantes et des stratégies pratiques pour gérer le stress, améliorer la conscience de soi et améliorer le bien-être émotionnel.

Cours en ligne sur l'intelligence émotionnelle

Les cours en ligne offrent des options d'apprentissage flexibles aux personnes souhaitant améliorer leur intelligence émotionnelle. Ces cours explorent des compétences clés telles que la conscience de soi, l'autorégulation, l'empathie et les compétences sociales. Les participants apprennent des techniques pratiques pour reconnaître et gérer les émotions, améliorer la communication et bâtir des relations plus solides, tant sur le plan personnel que professionnel.

Programmes de formation continue

De nombreuses universités et organisations professionnelles proposent des programmes de formation continue en psychologie et en intelligence émotionnelle. Ces programmes peuvent inclure des cours de certificat, des ateliers et des conférences qui fournissent des connaissances et des compétences approfondies en matière de santé mentale, de conseil et d'efficacité interpersonnelle. Les participants acquièrent des connaissances précieuses sur le comportement humain et les principes psychologiques qui peuvent être appliqués dans divers contextes personnels et professionnels.

Lecture et auto-apprentissage

L'apprentissage continu peut également être poursuivi par la lecture de livres, d'articles de recherche et de ressources en ligne sur la psychologie et l'intelligence émotionnelle. L'auto-apprentissage permet aux individus d'explorer des sujets d'intérêt spécifiques à leur propre rythme, approfondissant ainsi leurs connaissances et leur compréhension des concepts psychologiques et des applications pratiques de la résilience.

Groupes d'apprentissage et de discussion entre pairs

La participation à des groupes d'apprentissage entre pairs et de discussion offre aux individus la possibilité d'échanger des idées, de partager des expériences et d'apprendre des points de vue de chacun. Ces cadres informels favorisent l'apprentissage collaboratif et le soutien mutuel, permettant aux participants d'acquérir de nouvelles connaissances et stratégies pour améliorer la résilience et l'intelligence émotionnelle.

Cours de développement professionnel pour améliorer les compétences en communication

Une communication efficace est essentielle pour maintenir des relations saines et naviguer dans la dynamique interpersonnelle. Les cours de développement professionnel se concentrent sur l'amélioration des compétences en communication, sur la promotion de la clarté, de l'empathie et de la compréhension mutuelle dans les interactions personnelles et professionnelles.

Ateliers de communication

Les ateliers sur les compétences en communication couvrent des sujets essentiels tels que l'écoute active, l'affirmation de soi, la résolution de conflits et la communication non verbale. Les participants apprennent des techniques pratiques pour s'exprimer clairement, comprendre le point de vue des autres et favoriser un dialogue constructif dans divers contextes.

Compétences de prise de parole et de présentation en public

Les cours d'art oratoire et de présentation donnent aux individus la confiance et la capacité de communiquer efficacement devant un public. Ces compétences sont précieuses pour transmettre des idées de manière convaincante, engager les auditeurs et établir des relations grâce à une narration convaincante et une diffusion efficace.

Formation en négociation et médiation

La formation à la négociation et à la médiation améliore la capacité des individus à résoudre les conflits et à négocier des accords mutuellement avantageux. Les participants apprennent des stratégies pour gérer les désaccords, trouver un terrain d'entente et obtenir des résultats positifs grâce à la résolution collaborative de problèmes et à des techniques de communication efficaces.

La communication interculturelle

Dans le monde globalisé d'aujourd'hui, les compétences en communication interculturelle sont essentielles pour naviguer dans les différences culturelles et construire des relations inclusives. Les cours de communication interculturelle apprennent aux individus à reconnaître les normes culturelles, à adapter les styles de communication et à promouvoir la sensibilité culturelle dans divers environnements.

Compétences en feedback et en coaching

Développer des compétences en matière de rétroaction constructive et de coaching permet aux individus de soutenir la croissance et le développement professionnels des autres. Ces cours visent à fournir des commentaires efficaces, à favoriser un état d'esprit de croissance et à guider les individus vers la réalisation de leurs objectifs grâce à des interactions encourageantes et responsabilisantes.

Stratégies pour maintenir des limites et des relations saines au fil du temps

Maintenir des limites et entretenir des relations saines sont essentiels à la résilience et au bien-être à long terme. Les stratégies se concentrent sur les pratiques de conscience de soi, d'affirmation de soi et de soins personnels qui aident les individus à préserver leurs limites émotionnelles et psychologiques tout en favorisant des liens positifs avec les autres.

Pratiques de conscience de soi

Cultiver la conscience de soi implique de réfléchir aux valeurs personnelles, aux émotions et aux limites. Grâce à des exercices de pleine conscience, de journalisation et d'autoréflexion, les individus gagnent en clarté sur leurs besoins, leurs préférences et leurs limites, leur permettant ainsi de communiquer efficacement et avec assurance dans leurs relations.

Fixer des limites claires

Établir des limites claires implique de communiquer les attentes et les limites aux autres de manière respectueuse. Les individus apprennent à identifier leurs limites en matière de temps, d'espace, d'émotions et de comportements, créant ainsi un cadre pour des interactions saines et un respect mutuel dans les relations personnelles et professionnelles.

Formation à l'assertivité

La formation à l'affirmation de soi apprend aux individus à exprimer leurs pensées, leurs sentiments et leurs besoins avec confiance et respect. Des techniques telles que les déclarations « je », le langage corporel affirmé et l'écoute active permettent aux individus de se défendre tout en tenant compte du point de vue des autres et en entretenant des relations positives.

Compétences en résolution de conflits

Développer des compétences en résolution de conflits permet aux individus de résoudre les désaccords de manière constructive et de maintenir l'harmonie dans les relations. Les stratégies comprennent des techniques d'écoute active, d'empathie, de résolution de problèmes et de négociation qui favorisent la compréhension mutuelle, le compromis et une communication efficace.

Pratiques de soins personnels

Donner la priorité aux soins personnels est essentiel pour maintenir la résilience émotionnelle et prévenir l'épuisement professionnel dans les relations personnelles et professionnelles. Les pratiques de soins personnels peuvent inclure l'exercice physique, les techniques de relaxation, les passe-temps et les activités qui favorisent la relaxation, le rajeunissement et le bien-être général.

Stratégies de maintien des limites

Faire respecter systématiquement les limites implique de reconnaître et de répondre aux violations des limites avec assurance et efficacité. Les individus apprennent à définir les conséquences des violations des limites, à rechercher le soutien de personnes ou de professionnels de confiance et à donner la priorité à leur propre bien-être dans des situations difficiles.

La formation continue joue un rôle essentiel dans le développement de compétences nécessaires à la résilience à long terme, dans l'amélioration de la compréhension psychologique, dans l'amélioration de la communication et dans le maintien de relations saines au fil du temps. Les opportunités d'apprentissage continu en psychologie et en intelligence émotionnelle fournissent un aperçu du comportement humain et de la régulation émotionnelle, favorisant les mécanismes d'adaptation adaptatifs et la résilience. Les cours de développement professionnel se concentrent sur les compétences en communication, favorisant la clarté, l'empathie et un dialogue efficace dans les interactions personnelles et professionnelles. Les stratégies pour maintenir les limites et entretenir des relations saines impliquent la conscience de soi, l'affirmation de soi, la résolution de conflits et des pratiques de soins personnels qui aident les individus à préserver leur bien-être émotionnel et à favoriser des liens positifs avec les autres. En investissant dans l'apprentissage continu et le développement des compétences, les individus peuvent renforcer leur résilience et s'épanouir dans divers environnements personnels et professionnels, contribuant ainsi à leur bonheur et à leur réussite globale.

Conclusion

Alors que nous concluons ce voyage à travers les complexités liées à la gestion des relations manipulatrices, il est essentiel de réfléchir aux principaux enseignements et idées tirés de notre exploration. Tout au long de ce livre, nous avons découvert les tactiques insidieuses de manipulation et d'abus, examiné les impacts émotionnels et psychologiques sur les victimes et exploré des stratégies pour reconnaître, aborder et surmonter ces défis.

Nous avons appris que la manipulation opère souvent de manière subtile, sapant notre estime de soi et notre autonomie. Cela peut se manifester sous diverses formes, depuis le gaslighting et la violence psychologique jusqu'au contrôle coercitif et à l'exploitation. Comprendre ces tactiques est crucial pour reconnaître quand nous sommes manipulés et pour prendre des mesures décisives pour nous protéger.

L'autonomisation commence par la prise de conscience – une prise de conscience de nos propres limites, valeurs et droits. En cultivant la conscience de soi et l'intelligence émotionnelle, nous nous dotons des outils nécessaires pour affirmer nos limites avec confiance et pour naviguer dans les relations avec clarté et résilience. Nous avons exploré l'importance de rechercher le soutien de personnes, de communautés et de professionnels de confiance qui peuvent fournir une validation, des conseils et une assistance pratique sur notre chemin vers la guérison.

Maintenant, armés de connaissances et d'idées, il est temps d'agir. L'autonomisation n'est pas simplement un concept ; c'est un voyage de récupération de notre pouvoir et de notre libre arbitre. Cela commence par fixer des limites et les faire respecter, reconnaître notre valeur et refuser de tolérer la manipulation ou les abus sous quelque forme que ce soit. Cela implique de donner la priorité à notre bien-être mental et émotionnel, de prendre soin de soi et de demander l'aide d'un professionnel en cas de besoin.

Prendre des mesures vers l'autonomisation signifie accepter nos forces et nos vulnérabilités, apprendre de nos expériences et s'engager dans la croissance personnelle et la résilience. Il s'agit de favoriser une saine estime de soi et de cultiver des relations basées sur le respect mutuel, la confiance et la réciprocité.

En fin de compte, créer une vie remplie de relations saines et respectueuses nécessite un effort intentionnel et un engagement continu. Cela implique de communiquer ouvertement et honnêtement, d'écouter activement et de faire preuve d'empathie avec les points de vue des autres. Cela signifie honorer nos propres besoins et limites tout en respectant ceux des autres, favoriser l'empathie et la compréhension dans toutes les interactions.

Des relations saines reposent sur une base de confiance, de communication et de soutien mutuel. Ils prospèrent grâce à l'authenticité, à la compassion et aux valeurs partagées. En nourrissant ces qualités en nous-mêmes et dans nos relations, nous créons des espaces où la manipulation et les abus n'ont pas leur place, où l'authenticité et le respect règnent en maître.

N'oubliez pas que votre voyage vers la guérison et l'autonomisation est unique et continu. C'est un voyage qui demande du courage, de l'introspection et de la résilience. Profitez des leçons apprises, célébrez vos points forts et continuez à devenir l'individu autonome que vous êtes censé être. Ensemble, efforçons-nous de cultiver un monde où s'épanouissent des relations saines et respectueuses, et où chacun peut vivre authentiquement et s'épanouir.